コンピュータを活用した保育の実際

ゆたかな心を育むために

倉戸直実・岸本義博 編著

北大路書房

はじめに

　コンピュータはたいへん便利で重宝な道具である。
　それは1000円で買うことができる計算機から，家庭や仕事場で毎日使用しているパーソナルコンピュータ，新幹線や人工衛星を動かす能力の高いコンピュータまである。われわれの日常生活を考えてみても，コンピュータなしの生活は考えられないぐらい浸透し，便利に使用している。
　このような便利ですばらしいコンピュータを大人だけが使用しているのはもったいない。子ども達も同じように使用できるのではないだろうか。子ども達は大人が使用している道具を同じように使いたいと思っているものである。子ども達がコンピュータを使用したときに，子ども達にどのような影響があるのだろうか。園でコンピュータで遊ぶとき何台必要か。何歳から遊べるのか。興味のある内容ばかりである。
　本書は，幼児とコンピュータに関心をもつ研究者と幼稚園が共同して実施した報告書である。具体的には次のように実施した。

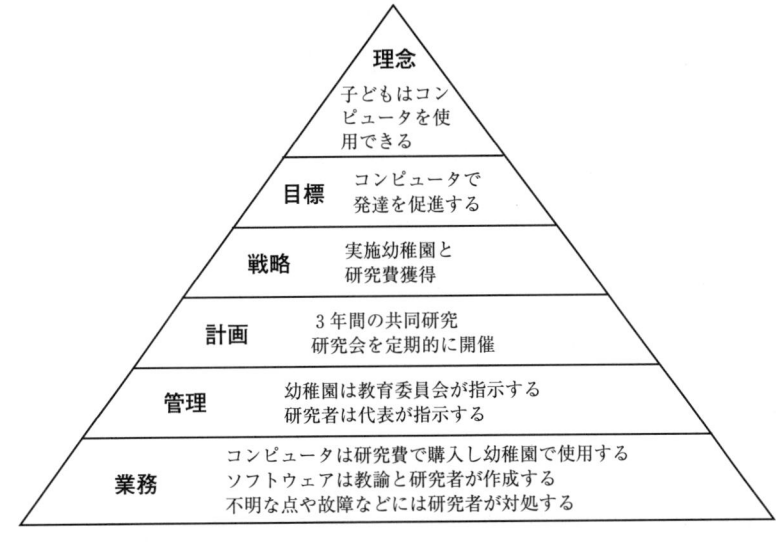

コンピュータを幼児教育に導入する階層（ヒエラルキー）

以上のような方法で実施したところ次のレベルが明らかになってきた。

コンピュータを使った遊びのレベル

	環　境	園児の行動	効　果	園児の心情
レベル1	コンピュータが設置してある。先生の援助（指示・指導）で使用する。	コンピュータの電源を先生の指示により，入れたり切ったりできる。先生から教えてもらう。ソフトウェアで遊ぶ。	コンピュータがこわくない。新知識の学習・ソフトウェア・マウス・クリック等。遊び道具の一種。	コンピュータで遊んでいる。
レベル2	コンピュータが設置してあり，自由保育時間に，自由に遊ぶことができる。	コンピュータで遊べる。ソフトウェアを選べる。コンピュータの中との情報交換をする。	情報機器に関心をもつ。ソフトウェアの内容に興味をもつ。保護者が使用していると関心をもつ。	コンピュータソフトウェアの動きを知り，道具として思い通りに使用できる。自分のしたいことを発見する。
レベル3	コンピュータが設置してあり，自由に遊ぶことができる。園児たちの一人ひとりの発達を援助できる先生たちが作成したソフトウェアがある。	コンピュータを遊び道具として使用する。ソフトウェアで遊ぶ。自分たちの園，自分たちが行動していることを発達させる最近接領域に配慮したソフトウェアで遊ぶ。	ソフトウェアの内容・登場者と現実の自己の行動・世界との情報交換や相乗作用が生じる。新しい事態への積極性が生じる。自分のできることと，ソフトウェアの登場者との行動を比較し意欲を増進する。	ソフトウェアで体験したことの広がり。コンピュータと日常園生活，園と家庭に関連ができる。意欲の拡大がある。新しいことに挑戦しよう。自分もできるのだという喜びの体験が生じる。

　この本で報告する幼稚園の子ども達はレベル3まで到達した。それは第Ⅰ部3章に書くが，次の内容である。
・ソフトウェアの内容・登場者と現実の自己の行動・世界との情報交換や相乗作用が生じる。
・新しい事態への積極性が生じる。
・自分のできることと，ソフトウェアの登場者との行動を比較し意欲を増進する。
　これはすばらしい子ども達自身の発達である。われわれはこのようなレベル3に到達した内容を本書で報告できることを，たいへんな誇りだと感じている。多くの幼稚園や保育園の子ども達がコンピュータを使用して発達することを願

っている。

　本書の内容は3部構成になっておりそれぞれ独立しているので，読者の興味のある部分から読み始めることができる。

　Ⅰ部は，半田幼稚園でコンピュータ遊びを導入した理念や経過とその効果。子ども達がコンピュータで遊んだときにどのような効果があるのかを具体的に示した。コンピュータを幼稚園や保育園の保育に取り入れたいと計画している読者に示唆を与えると思う。

　Ⅱ部では，ソフトウェアを作成した意図，また，どのように記録したか，その装置のシステムを示した。専門的な技術内容が含まれる部分であるが，園独自のソフトウェアを作成しコンピュータ教育を実施しようとしている読者にはわかりやすい説明である（なお，作成したCDは研究用として希望者には実費で提供させていただく）。

　Ⅲ部は，コンピュータを取り入れた幼児カリキュラムによる具体的な実施例である。現場で保育をしている読者は有効な手がかりを得ることができる。

　最後に，文部科学省科学研究費補助金を受けて研究を実施できたこと，協力をいただいた兵庫県揖保郡揖保川町教育長岸本義博氏（当時，以下同），町立半田幼稚園永井和代園長，井口貴久美主任，淀澤郁代教諭，河原美樹教諭と半田幼稚園の子ども達に，また，本書の趣旨に賛同して出版を快諾してくださった株式会社北大路書房社長小森公明氏，編集担当の北川芳美氏に，ここに記して感謝の意を表わすものである。

　　　　　　　　　　　　　　　　　2004年1月　**編者　倉戸　直実**

目次

はじめに　i

第Ⅰ部　コンピュータは幼児教育現場でどう受け入れられているか

第1章　コンピュータ導入による保育環境（おもに保育者）の変化 …… 2
1節——揖保川町の幼稚園の状況　2
2節——幼稚園にコンピュータ導入の動機と経緯　2
3節——保育にコンピュータ利用の試みと保育者（教師）の意識　4
4節——研究体制づくり　6
5節——本格的な研究実践への発展　8
6節——ふり返って　13

第2章　幼稚園教育とコンピュータ …… 15
1節——はじめに　15
2節——コンピュータを導入する園の特徴　20
3節——どのように導入するか　22

第3章　「パルとプルル」と子ども達——ヴァーチャルリアリティ …… 26
1節——はじめに　26
2節——実在と想像　26
3節——ヴァーチャル，アニミズム，トーテミズムと実体験　28
4節——「パルとプルル」との出会いが学習意欲を高める　29
5節——子ども達が体験したこと　34
6節——豊かな環境には次のことが考えられる　37

第4章　幼稚園でのコンピュータ教育実践活動と幼児の心身の発達への影響 …… 40
1節——目的　40
2節——結果と考察　43
3節——要約　47

第5章　自由遊びの選択について …… 49
1節——コンピュータ遊びの導入により，遊び場所や遊び時間が変わるか　49

第6章　実践園の保護者の意識の変化 …… 52
　1節――コンピュータで遊ぶことに対する保護者の意識　52
　2節――保護者からのお便りによる分析　57
　3節――質問紙の結果とお便りをふり返って　66

第Ⅱ部　ソフトウェアの開発

第1章　コンピュータを取り入れた保育環境の構築 …… 70
　1節――コンピュータはどんな道具？　70
　2節――アメリカにおける考え方　72
　3節――保育環境のなかのコンピュータ　73

第2章　ソフトウェアの開発 …… 78
　1節――ソフトウエア開発の視点　78
　2節――ソフト構成図　86

第3章　行動記録システムについて …… 92
　1節――システム開発の背景と目的　92
　2節――システムの概要と特徴　93
　3節――システム機能の予測と結果　98

第Ⅲ部　実践例の紹介

第1章　出会いⅠ　春の自然と遊ぼう …… 102
　1節――保育計画：小虫や小草花とたわむれて　102
　2節――保育の実際の展開　106

第2章　出会いⅡ　水辺の生き物を見つけよう …… 111
　1節――保育計画：水辺の生き物にふれて　111
　2節――保育の実際の展開　115

第3章　水遊び ………………………………………………… 119
　1節──保育計画：水と仲よしになろう　　119
　2節──保育の実際の展開　　123

第4章　交信　パルとプルルに会えるよう七夕様にお願いしよう ……… 127
　1節──保育計画：七夕会をとおしてさらに膨らむファンタジーランドへの思い
　　　　　127
　2節──保育の実際の展開　　131

第5章　冬の遊び ………………………………………………… 136
　1節──保育計画：お正月遊びと伝承遊び　　136
　2節──保育の実際の展開　　140

第6章　音楽会を開こう ………………………………………… 143
　1節──保育計画：友だちと心を合わせて　　143
　2節──保育の実際の展開　　147

第7章　運動会　ファンタジーランドの運動会 ……………… 151
　1節──保育計画：運動遊びへの挑戦　　151
　2節──保育の実際の展開　　155

第8章　お別れ　ファンタジーランドへ託した思い ………… 159
　1節──保育計画：また会おうね　　159
　2節──保育の実際の展開　　163

I 部

コンピュータは幼児教育現場で
どう受け入れられているか

I部　コンピュータは幼児教育現場でどう受け入れられているか

1章 コンピュータ導入による保育環境（おもに保育者）の変化

1 ●●● 揖保川町の幼稚園の状況

　兵庫県の南西に位置する揖保川町は，1級河川揖保川にそって，豊かな自然に囲まれ，随所に貴重な歴史や文化遺産が残っている。静かで落ち着いたたずまいと，JR山陽本線，国道2号線，山陽自動車道など交通の便に恵まれ，人口は微増しつつあり，2003年度現在1万3000千余人の活力ある町である。
　町内には，3つの幼稚園がある。新興住宅地を抱える町の北部に位置する幼稚園は，一時期園児数が増加したが，現在では減少が加速されている。町の中心に位置し，人口が漸増傾向にある幼稚園は，園児数は横ばいの状況にある。また，町南部の純農村にある幼稚園は，過疎化が進み園児数が漸減の傾向にあり，独立園としての機能の低下が憂慮されている。

2 ●●● 幼稚園にコンピュータ導入の動機と経緯

（1）保育者（教師）の意識
　揖保川町の3小学校，1中学校には，他市町に先がけて，1988（昭和63）年に当時の文部省の補助制度により，コンピュータを導入し，すぐれた実践を積み上げ一定の成果を挙げてきており，現在も意欲的な取り組みが続けられている。
　幼稚園は，情報教育に関する補助制度もなく，コンピュータが遊具や教具と違い直接保育に不可欠なものでもなく，また必要性を求める声もなく，教職員が女性ばかりという状況のなかで，従来どおりの保育が展開されていた。
　幼稚園の教師のコンピュータに対するイメージは，ゲーム，ヴァーチャル，人工等が連想され，幼稚園教育要領の5領域である「健康・人間関係・環境・言葉・表現」とは無関係な存在であり，保育と相容れないものとしてのマイナ

スの意識が強いように思われた。

しかし，同年に，小学校低学年ですでに，算数，音楽でコンピュータを活用した授業実践でその成果を実証的に明らかにしてきた経験から，教育委員会としても幼児教育にもコンピュータの有効利用の可能性を信じ，保育者（教師）の興味と関心を喚起し，研究，実践への意欲をうながした。

(2) 園舎改築にともなう保育環境の充実

平成8年度（1996），揖保川町立半田幼稚園の全面改修という機会に恵まれた。将来の幼稚園教育を見通した園舎，保育環境づくりという視点から，全国のすぐれた幼児教育施設を園長を中心に教職員とともに視察することとした。

いろいろな特色ある幼児教育のなかでも，時代の流れに即応した情報機器，情報技術を活用した幼児教育へのアプローチに，限りない魅力と可能性が秘められているように思われた。

幸いに町長部局の温かいご理解とご支援により，改築幼稚園に，すぐれた音響，照明と映像，コンピュータの園内LAN等の設備が整備された。

同時に，平成9年度（1997），幸運にも上月教育財団の研究助成園に指定されたため，全園あげてのコンピュータ活用の保育実践をスタートさせた。

(3) 教育行政主導の推進

教育施設設備ハード面については，園長を通して実際に保育する立場の教師の意見や要望を聞き，教育委員会が中心となって計画，実施していくが，とくに保育環境は，保育の内容や方法と深くかかわるもので，保育する教師と教育行政側の緊密な連携，共通理解，意思疎通があった。

音響，照明，映像等の保育環境は，今までの経験から，必要性に基づく立案，計画は可能となるが，コンピュータの活用については，初めてのことであり，可能性が広い反面，未知の部分が多くあり，「どんなことができるのか」「どんな内容を，どう活用するのか」等が疑問のままで，早速には結論を得られる状況ではなかった。

したがって「歩きながら考える」「考えながら歩こう」をスタンスにして進めることにした。結果的には，行政主導そのもので，教職員は疑問や不安を抱

えての取り組みとなっていたように思われる。

3 保育にコンピュータ利用の試みと保育者（教師）の意識

（1）保育でのコンピュータ導入に対する疑念

　教育委員会サイドからの積極的なはたらきかけによってのコンピュータ活用の保育実践は，直接保育にあたる教師にとって内心「本当に意義あることなのか」「具体的にどう取り入れるのだろう」「どんなふうに役立つのだろう」「幼児に必要な実体験，原体験はどうなるのか」「その活用法，活かし方が不安だ」等の疑問に悩まされながらのことであったようだ。

（2）コンピュータ活用の意義理解への手だて

1　先進的，先導的な実践，試みの視察

　「百聞は一見に如かず」との諺があるとおり，個々の教師の意識を変えるためには，すぐれた実践や具体的な取り組みを自分の目でしっかり確かめる機会をもつことが最も近道であると考えた。

　しかし，全国的にみて，幼児教育関係で実際に保育にコンピュータを導入し活用している園はたいへん少なく，ようやく大阪の金岡幼稚園，豊中文化幼稚園の2園についての情報を得ることができた。

　金岡幼稚園は，合併問題，教職員異動等で実践が中断しており，見学ができなかったが，2部1，2章執筆の村上優大阪芸術大学短期大学部助教授（当時，堺市教育文化センター研究員）著『宇宙からやってきたピピ――金岡幼稚園のコンピュータ導入大作戦』（C＆E出版刊）で取り組みの概要を把握することができた。大阪の豊中文化幼稚園は実際に視察ができ，活用のありようをつぶさに目のあたりにし，保育に活用できるヒントを得たり，可能性を学んだりすることができた。

　また，町内外の小学校低学年のコンピュータ活用の授業参観にも，積極的に参加の機会をもち，「お絵描き」「作品づくり」「ドリル」等コンピュータを利用している学習の実際を見る機会ももった。

●●● 1章 ●●● コンピュータ導入による保育環境（おもに保育者）の変化

パルとプルルにお手紙書いたよ

兵庫・揖保川 半田幼稚園

FDに園児へのメッセージ「友だちになってくれる?」

兵庫県揖保川町の町立半田幼稚園（永井和代園長）の先生が、パソコンの中のキャラクターと園児が交流できるソフトをつくった。幼稚園でのパソコンの利用は進んでおらず、保育関係者も関心を寄せる。パソコンが苦手な先生ばかりだったが、苦心してつくりあげた夢いっぱいのソフトに園児たちは夢中になっている。
　　　　　　　　　　　　（社会部　三木栄）

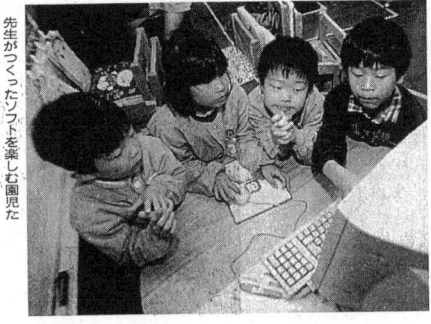

半田幼稚園にパソコンがやってきたのは一九九六年二月。園舎の建て替えにあわせて、町教委の建てあった堺市立金岡幼稚園（現在は廃園）を払い下げ、字ら設定で、ソフトを子ども（ピピ）から届いたとい

先生がつくったソフトを楽しむ園児たち＝兵庫県揖保川町の半田幼稚園で

パソコンのこと全くわからない

だが、先生たちがパソコンのことが全く分からないことが問題だった。そこで、幼稚園児にパソコンを使った保育を実践したことのある浪速短期大学（大阪府堺市）の村上優・助教授を訪ね、協力を求めた。村上助教授は元堺市教育文化センター・科学教育センター研究員で、八六年から九五年度の経験から幼稚園教育を各教室にパソコンを入れ「小学校長時代、情報教育の何かできないだろうか」と思った」とパソコン導入を決意した」と岸本義博・町教育長は言う。

たち自身が使うようつくった。最初はシナリオを書くことから、それをもとに鉛筆で絵を描き、コンピューターに取り込んで色をつけ、ソフトにしていった。「先生が教えるのではなく、子どもたちが自然に興味をもち、長続きする方法を考えた」と村上助教授。夏から半田幼稚園での運用が始まった。

ある日、庭の木に風船ひっかかり

取り組みは本にもなっている。取り上げる内容は、「先生たちも工夫した。子どもたちへの導入方法は、ある日、幼稚園の庭の木に風船がひっかかっており、そこにはカセットテープとフロッピーディスクとファンタジーランドの「パル」「プル」というキャラクター。そのテープにはファンタジーランドの「パル」と「プル」が「友だちになってくれる?」と、半田幼稚園の園児たちに呼びかけ、園児たちにパソコンに関心をもたせたり、遊び、関連する学習や遊びで体験する幼稚園での教育活動とした。九七年度からは、半田幼稚園の淀原郁代、教

素人先生ら手作り

迷路・音楽・運動 いろいろ遊べる

その後、迷路遊びや音楽に誘導したり、運動遊びに誘導したりと、ソフトに興味を持ちながら、遊びを生かしたい」と願い、教員たちが懸命につくったソフトは、毎日の教育活動に生かしている。

永井園長は「パソコンはあくまで幼稚園教育の中でのひとつの道具だ」と話す。子どもたちの創造性を高めたいと願いている。教諭の情報教育を進める岸本教育長は「子どもの道具としての小学生の遊びで生活そのものに、パソコンによって、子どもたちの遊びの輪を広げられるようにしたい」と話している。

員をつくり、町教委との九六年度とも二人の村上助教授の先生たち四人が、研究推進委員のもと、ソフト指導づくりに力を入れ、半田幼稚園の園児たちに「友だちになってくれる?」というフロッピーディスクをプレゼントするから遊びにとりかかった。

たち自身が使うようにした。最初はシナリオを書くことから、コンピューターに鉛筆で絵を描き、本当に飛んできたように画面に現れ、それをマウスでクリックすると出るや小動物が出てくる。子どもたちが自然に関心をもてる内容が込められた。

最初のソフトは、花畑で夢中で二人の子どもたちが空想をかき立てるパルとプルとなって花畑を書いてコンピュータに送る。パルとプルからの手紙で返事を書くのは先生たち

論、井口貴久美、教諭、河原美鈴・助教諭の三人で充実させていった。子どもたちが空想をかき立てるパル、プルとなって、二人の子どもたちの手紙で返事を書くのはパルとプルになった先生たちだ。

学校へのパソコン設置　文部省の調査によると、1997年3月末現在の学校へのパソコン設置率は小学校90.7％、中学校99.8％、高校100％。しかし、幼稚園では「いまのところパソコン教育を進める計画はない」（文部省幼稚園課）ということもあって、データもなく、ほとんどが設置されていないとみられる。一方、コンピューターを操作できる教員は小学校で39.2％、中学校で50.9％、高校で58.7％で、指導できる教員となると、小学校16.7％、中学校22.7％、高校23.8％にとどまる。

兵庫県揖保川町では、3つの町立幼稚園があるが、半田幼稚園にパソコン導入したのを始めに97年度には河内、神部の両幼稚園に設置。園内のコンピューターを結ぶ通信網（LAN）の整備も進めており、「将来は、町内をネットワークで結びたい」ともいう。

もったいないな使ってほしいな

図1-1　パルとプルルにお手紙書いたよ（朝日新聞, 1998〈平成10〉年4月14日）

2 保育者（教師）の役割の明確化

　教師は，教育要領に基づき，子どもや地域の実態をふまえ年間計画をたて，日々の保育を行なうのであるが，その保育にコンピュータが有効にはたらくような活用を図ることが求められる。そこで，保育者（教師）は「よい保育を企画し，実践する主体者」になる。そのためにコンピュータの位置づけとその内容のコンピュータソフトの構想をイメージし提案するのが保育者（教師）の役割とした。

　しかし，ソフト制作に関しては，専門的であり，容易には技術の修得がむずかしいので，専門の技術者やソフトハウスに依頼し作成してもらうことにした。

3 教育研究機関・専門技術者との連携

　学校をはじめ幼稚園の教師は，だれもが「よい授業」「よい保育」をしたいという願望をもっている。保育にコンピュータを活用して「よい保育」ができることに魅力は感じるが，コンピュータの操作やソフトづくりになると，大きな抵抗を感じるようになる。

　コンピュータの保育への利用を図るには，保育者（教師）に過重な負担を課したり，高度の技術の修得を強要するのでなく，ネックとなるコンピュータソフトづくりを専門の技術者に依頼するか，大学や研究機関等の指導や支援を得る姿勢が必要であると考えた。

　幸い，町内3小学校には，コンピュータ操作，ソフトづくりに堪能な教職員がおり，さらに，兵庫教育大学，兵庫県教育研究所，大阪芸術大学短期大学部等の指導，支援体勢が可能であったことが，保育者（教師）の意欲を喚起し，実践への情熱を高めることに大きく作用したように思う。

4 ●●● 研究体制づくり

(1) 研究体制の確立

　保育にコンピュータ活用の研究実践を，半田幼稚園を中心にし，他の2つの園を協力園に位置づけ，それぞれから代表委員を出し，3園共同の推進体制をつくった。

　研究テーマに基づき，年間の研究実践計画をたて，保育のイメージ→ソフ

トづくり→研究保育→反省→課題確認の試行錯誤をくり返しながら進めていった。

この段階では，保育者（教師）の意識も「コンピュータに慣れ」，少しずつ「保育に活用できそうな予感」を感じてきたように思えた。

(2) コンピュータ活用の視点と指針

保育にコンピュータを導入することによって，新しい保育を創造するために有効な手段になることの意識化を図るため，次のような視点と指針を示した。

1　幼稚園教育の課題
- 幼児の主体的な活動の重視
- 5領域「健康・人間関係・環境・言葉・表現」が示す遊びの創造

2　幼稚園におけるコンピュータ活用の視点
- 幼児の遊びの道具としての役割
- 保育者（教師）を支援する役割

3　コンピュータ活用による具体的な仮説
- 幼児がコンピュータの映像から刺激を受け，心情に変化が起こる
- 心情の変化は，幼児の生活や遊びの高まりにつながる
- 幼児の生活や遊びの高まりは，コンピュータソフトの質に関係する

(3) コンピュータ活用の場面設定

コンピュータを保育のどの場面で活用するかについては，いろいろな論議を重ねるなかで，幼児の興味・関心を大事にし，強制しないことを前提とした。

朝8時30分ごろより登園し，一日の園生活が始まる。出席を確認した後，10時ごろまでのコーナー遊びのなかに位置づけて，個々の幼児の思いに任せるようにすることにした。

幼児と「ファンタジーランドからの贈り物」のストーリーとの最初の出会いは，全幼児対象にして場面設定し実施する。その後は，コーナー遊びのなかに位置づけて，個々の幼児の思いに任せるようにすることにした。

この段階においても，保育者（教師）の意識のなかには，「本当に，役に立つのか」「幼児の，どんな成長につながるのだろうか」等の不安や疑問をぬぐ

えないままの歩みであったと思われる。

5 ●●● 本格的な研究実践への発展

(1) 研究発表会を試練の場として

　平成8年度（1996）から，試行錯誤を重ねながら，村上優助教授のご指導，ご助言をいただき，研究実践をすすめてきた。平成9年度（1997）では，保育にコンピュータの活用のストーリー（ファンタジーランドからの贈り物）と保育の展開のスタイルができつつあった。

　そこで，勇み足であったかもしれないが，1998（平成10）年2月10日に「コンピュータを取り入れた保育環境の構築──子どもの遊びを高める保育内容の創造」をテーマに研究発表会を開催した。

　とくにコンピュータを保育環境として取り入れることによって，幼児の思いや想像の世界が広がり，自主的，自発的活動としての遊びに発展させる可能性に迫ろうとした。

　当日の参加者の方（87名，54園）から，次のような厳しい批判の声（自由な記述形式で，無記名によるアンケート）を浴びせられた。

アンケート内容

- 幼稚園では，友だちや先生とのつながりで学ぶことが必要だと思います。せっかくいろいろな人と交流できる場にいるのに，コンピュータに誘導されて，教わったりするのは，全く賛成できないですね。趣味として，家庭で使用するのはいいと思いますが，友だちと楽しく遊べるチャンスをコンピュータに使われるのはもったいないような感じです。
- 画面を見ることで，目に対する影響はどうなのか，私自身パソコンを使った後黒板を見ると，白いチョークの色がピンク色に見えた。小中学生で，眼鏡をかけさせたくない。
- 幼児期には，この時期にしか学べないことがたくさんあると思います。その時期から，急いでコンピュータにふれさせなくても，将来的に影響があ

> るとは思いません。むしろ，コンピュータばかりに興味・関心が向き，人と人とのふれ合いのなかで学ぶべき基本的なことを知らずに育っていく恐れがあると不安すら感じます。
> - 今の時代，コンピュータというのは，大事になってきましたが，私としては小学校からで十分だと思います。幼稚園では，できるだけ友だちといろいろな遊具を使ったり，生き物，植物，土にふれ合ったり，走り回ったりして遊んでほしいです。
> - 大人である職員が使われるのはとてもよいことだと思いますが，子どもにはもっと他にたいせつなことがあると思います。どのように使用しようとも画面が相手になってしまうのは，問題が大きすぎると思います。

　これまで時間を超越して，懸命に取り組んできた教職員にとっては，この多くの批判は，予想以上に冷たく，無力感や挫折感を覚えずにはいられなかったと思う。

　しばらく時間をおき，この参加者のアンケート結果を冷静に分析し反省する機会をもった。そして，次のような課題や改善点が洗い出された。

①コンピュータをはじめ，その周辺機器の操作にふり回されていないか。
②自分たちがつくったソフトを，幼児に見せようという意識が強かったのではなかろうか。
③ソフトの内容から，幼児がどのような刺激を受けて，どのような行動に発展するかの確かな予想ができていたか。
④そのためには，幼児の内面理解を深くしなければならない。
⑤「ファンタジーランドからの贈り物」のストーリーの影響を受け，幼児の遊びや生活に，どのような変化が起きているかを確認することが大事である。
⑥個々の幼児の育っている姿がすべてである。

　このことは，次のステップへの重要な課題として，保育者（教師）の教材観，指導観を確かなものにする具体的な指標となっていった。

(2) 実践協力園としての取り組み

　1998（平成10）年2月の研究発表会での厳しい批判で，やや自信を失いかけたが，保育でのコンピュータ活用の利点「幼児の生活と関連したストーリーの映像から刺激を受け，自主的な行動や遊びが広がる事実」は，保育する教師にとって魅力的なものとして，強く印象づけられた。

　今後どのように，コンピュータ活用の保育の研究実践を推進するかを模索していた平成10年度（1999）末，大阪芸術短期大学部（代表倉戸直実教授）が文部科学省から科学研究費が交付され，「コンピュータを取り入れた幼児カリキュラムの開発と実践」をテーマに，平成11年度より3年間の研究を委嘱され，その実践協力園に半田幼稚園が依頼を受けた。これまでの研究実践を，さらに発展させるため，願ってもない機会と考え，共同研究させていただくことになった。

　教員養成機関である大学と保育現場が結ばれることで，適切な指導と支援を得られることとなり，保育者（教師）に安心感がただよい，主体性が発揮され，研究実践が飛躍的に深まり，双方の相乗効果が表われてきたように感じられた。

　ひいては，園内の教職員のチームワークが強固になり，保育者（教師）の発想の豊かさ，教材制作のくふう，保育の組み立て，コンピュータソフト制作の技術向上につながり，意欲的な雰囲気が園や保育者（教師）の内面にみなぎり始めた。

　これまでの取り組みの中間的なまとめの段階での研究発表会を，2000（平成12）年12月5日に開催した。多くの参加者（62名，48園）から，次のような感想・意見が寄せられた（自由な記述形式で，無記名によるアンケート）。

アンケートの内容

- 幼児の課題に合ったソフトの作成，幼児の興味・関心をしっかりつかんで保育され，コンピュータを取り入れておられる姿に頭が下がりました。
- すばらしい取り組みに感動しました。コンピュータ教育，私も考えてみます。
- 施設や設備が充実していてよかった。コンピュータ教育を私も考えてみま

す。
- コンピュータを保育のなかに、どのように取り入れているのか興味をもって見せていただいたのですが、まず教師の姿勢と使いこなす力量と保育のなかに取り入れる方法を研修させていただきました。
- コンピュータといえば、こわいもののように感じていたが、今日の研究をとおして、教師自身の意識が大きく作用することに気づきました。教育はいろいろと実践することに意義があるものとあらためて感じました。
- コンピュータをどのように幼児に出会わせていったのか、とても関心があり参加させていただきました。子ども達の実態（園の実態）に即したソフトをつくられたことや、子どもの実体験につながる内容になっていることなど、保育に取り入れる際のたいせつな点を勉強させていただきました。

　2年前の平成10年度（1998）の研究発表会の参加者の感想、意見と大きく違ってきたのはコンピュータの普及と幼児教育にたずさわる者のコンピュータに対する見方の変化もあろうが、決定的なのは、公開保育でコンピュータの刺激を受けた幼児が、みずからの意志で遊びを高めたり、豊かな自己表現を図っている姿を目にしたからであったにほかならない。すなわち、幼児の育っている現実を見たからであると思われた。

　この研究実践を進める中心の半田幼稚園と、他の2幼稚園の代表委員で構成する研究推進委員会では、次年度（平成13年度〈2001〉）の方向を検討した。

（案1）　今年度の実践ソフトは、そのまま平成14年度（2002）に実施し、次年度はあらためて新しいソフトを開発し実施する（2年保育のため、同じソフトでは幼児にとって新鮮さに欠けるため、2年間で1サイクルと考えた）。

（案2）　今年度、実践したソフトを新鮮さを失わない内容に改良を加えて実施する。

　（案1）で意見がまとまろうとしたが、これは教師サイドのご都合主義に陥っており、幼児の立場にたって考えていないという指摘があり、（案2）で進

めることにした。

　保育者（教師）は，自信が意欲を生み，精力的に幼児の実態から，興味・関心を探り，遊びを中心とした実体験，実生活の充実，向上につながるソフトの開発に力を注いだ。

　研究実践協力園としての最後の3年めとしてのまとめを，2001（平成13）年10月31日，「子どもの主体的な遊びの想像をめざして——コンピュータの有効な活用を中心に」をテーマに研究発表の機会をもった。多数の参加者（71名，39園）のなかから，次のような感想，意見が寄せられた（自由な記述形式で，無記名によるアンケート）。

アンケートの内容

- コンピュータなんてという気持ちがあって，あまり期待をもたず参加しました。しかし，これから考え直していきたいです。今，幼稚園は育てるものがはっきりしてないようで，枯れているように思います。今日得たものを参考にしたいと思いました。
- 初めて，コンピュータを活用した保育を見せていただいて，とても驚きました。参考にさせていただきます。
- コンピュータを子どもの興味，発達に合わせて活用され，すばらしいです。やはり子どもの生きた教材として利用し，子どもの意欲につなげることが大事だということを学びました。
- たいへん勉強になりました。時代に応じたご指導すばらしいと思いました。
- 子ども達の目の輝きと，先生方の意気込みに，新たな刺激を受け，自身がんばらねばという思いになりました。
- 子ども達が，自然にPCにかかわっている姿に驚きました。
- 3年間の積み上げられた実績を，今日見せていただいたように思います。子ども達にとって，これからコンピュータは切っても切れないもの，それを小さいころからさわられることはよいことだと思います。
- 今日は，子ども達の楽しい生き生きした遊びを参観させていただきありがとうございました。昨年度の子ども達も，元気に遊んでいましたが，今年もすばらしかったです。先生たちのソフトづくりも，今年はすごく成長さ

> れていました。子どもも体験，先生も体験が大事だと学ばせていただき，明日からの子どもとの遊びへの言葉かけに活かし，心がけたいと思います。

　ここに，今までの取り組みの成果が遊びや生活のなかで，はっきりと幼児の成長の姿としてとらえることができたことに，大きな喜びを感じずにはいられなかった。

6 ●●● ふり返って

　「コンピュータを保育に活用」という仮説を設定し教育行政サイドの強いリーダーシップでの推進要請は，比較的コンピュータと疎遠な状況にあった幼稚園の教師にとっては，初めは押しつけや無理強いとしてしか受けとめられなかっただろうし，まったく未知のことへの挑戦であり，不安や疑念の入り混じっ

図1-2　パソコン使い「やる気」育成（神戸新聞，2001〈平成13〉年10月31日）

た思いでの出発であった。

　保育者（教師）は，常に「よい保育」をしたいという願いをもち続けている。コンピュータが保育での効果的な活用の可能性を探るなかで，「よい保育に」つながる確かな手ごたえが，教師の実践意欲を高めることのばねとなったように思う。さらも，子どもの反応や行動の変化が起こってくると，いっそう保育の組み立てやソフトの質，指導方法の改善が進められ，子どもの姿→保育内容・方法の修正（ソフトの質）→子どもの変化，の循環がくり返されることによって，教師の指導力（子ども理解，ソフトの質的向上，保育展開のくふう等）が高まってきた。

　研究推進委員会のすべての教師が，心をひとつにしてのひたむきな実践は「従来の保育より，個々の幼児の自己表現や自己実現が豊かになった」「みずから考え，みずから行動する生活態度や創造的な遊び発展がみられる」「遊びのくふうや異年齢間の協力態勢が形成されている」等の成果が実感できたように思う。

　また，この成果の陰には，幼児教育，幼児心理，保育実践，コンピュータを中心とするシステムの設計，ソフト開発等，この研究実践を進めるにあたり，心温まるご指導ご助言，ご支援をいただいた倉戸直実教授，倉戸幸枝教授，村上優助教授の存在があったからである。あらためて感謝の意を表したい。

（岸本義博）

2章 幼稚園教育とコンピュータ

1 はじめに

　日本には幼稚園が1万4000園，保育園は2万2300園，両方合わせると，3万6300園ほどの幼児教育施設がある（2004年現在）が，そのなかで保育内容にコンピュータを取り入れている園はどれくらいあるのであろうか。子ども達が自由に遊べるコンピュータを置いてある園はどれくらいあるのであろうか。

(1) 園長の意見

　日進月歩の幼児とコンピュータの現状を把握するのには少し古いが，1998（平成10）年の「幼児教育者のコンピュータ教育に対する意識とその実践状況」[1]を調査した。その目的は，①幼稚園でコンピュータは保育内容にどの程度利用されているか。②園長はコンピュータに対してどのようなイメージをもっているか。③幼児教育への利用に対する意識はどうであるかを調べることである。このアンケートを全国1000園に郵送配布し，292園から回答が得られた。その結果，利用している園は60園で，そのうち教材作成・保育計画作成に利用は14園，園児が利用している園は17園であった。保育内容への導入については，有意に否定的な意識がみられ，利用について肯定的な意見は，コンピュータを園児に使用させている園に多く，否定的な意見のうち使用経験があるのは1園のみであった。

　「今後，コンピュータは幼児教育にどのように利用できるか」を自由記述で質問したところ，31園から回答があり，利用について肯定的な意見は，条件つきのものも含めて18あり，そのうち15園は，コンピュータを園児に使用させている園であった。否定的な意見は，13あったが，そのうち，使用経験があるのは1園のみであった。代表的な意見は次のようなものである。

肯定的な意見

- 環境のひとつとして有効であると思われます。その他の遊具と同じように子どもの自発性を育てたり，友だちとのかかわりを深められる遊具となると思います。
- 描画，造形，物語をとおして創造性を豊かにするために利用。
- コンピュータに興味や関心をもち，こういう手段もあるという芽ばえにつながることで取り入れられればと思う。
- 創造活動として無限である。また，コミュニケーションの場ともなりえると思う。
- 子どもは幼稚園に入る前からゲームなど家庭でコンピュータに関心をもっているし，さわっている子も多いようなので園生活のなかでも他の遊具と同じように環境のひとつとして備えてあればいいと考えています。
- ゲームおたくでもわかるようにめずらしい遊びや機械にふりまわされ，健康にまで悪影響がでかけている今，機械にふりまわされず，自己でコントロールできる大人に育ってほしいため，早期の慣れを目的としています。また，今後インターネットの利用度はふえる一方と思われますので，はんざつな情報処理やだれに尋ねたらよいかわからない質問への情報収集等，便利な使い方のできる大人になってほしいと思います。
- 子ども達の遊具のひとつとして取り入れられていくのではないでしょうか。3年くらいまでの間により適切なソフトが開発されていくように思う。
- 管理面だけでなく，直接子どもがふれられるようにしていきたい。
- 機能を知るよりも他の玩具（パズルなど）と同じ感覚で子どもが興味をもち，楽しめればよいと考えている。
- 使い方は子どものほうが早く覚えると思われる。自由に遊ぶゲームがあればよいのではないか。
- まず教師が使いこなすところから取り組みたい。
- 子どもが機器に慣れる。
- ワープロ操作中に園児と遊ぶことがあります。キラキラした目で取り組んでいる姿を目にしますと子ども達にとって必要なものかなと考えています。

- まだ6か月足らずの導入で指導法も検討中です。今後は通信機器として情報の入手や交信も取り入れていく予定です。
- 遊び道具
- 遊びながら文字や数を学ぶことができる。
- ソフト開発しだいと思われる。昨年くらいから幼児向けソフトがどんどんできているので，その内容を見ながら現場に取り入れていくようになると思われる。特に幼児にとってはつくって遊べるものなどが望まれる。
- コンピュータも幼児教育のひとつの環境であり，人と人とのかかわりを深めるひとつの手だてである。完成したものを求めるのでなく，コンピュータのまわりに幼児が集まり，集団が構成されるところに環境が構成され，また新たな環境を生んでいく。
- 遊びでも園のコマーシャルでも困りますし，面白いからといってコンピュータに頼ってもだめだと思います。保育のなかで，ほどほどがよろしいかと思っています。

否定的な意見

- 幼児期は，人と人とのかかわりの確立，また，そのかかわりから教わっていくことがとても重要な事で，コンピュータは人間の代用，パーソナリティの確立のためには役に立たない物と思います。
- 当園においては，日常の生活様式を学ぶだけで精一杯の園児がほとんどです。コンピュータに関しては年長児がお絵かきの時間に画面にいろいろな絵を描く程度です。当園においてのみ答えるならばあまりコンピュータは必要としません。
- 考える方向でいくと，幼児教育そのものが危ない。社会の中で仮想現実世界なるものがますます大きくなる，体験に裏打ちされた認識や行動ができにくく，感情と認識のバランスが崩れ，人格形成上核となる人と交わる力がやせ細ってしまう。
- 幼児教育とコンピュータの関係は，企業の商業魂を見る思いがする。幼児

に最も必要なものは何か。幼児教育と離れた世界のように思えてならない。
- これからの時代はインターネットの時代に入り，コンピュータはなくてはならないものになってきます。しかし，そのコンピュータ化がもたらす弊害も考えなくてはなりません。人間関係を学ぶ土台となるこの幼児期に導入することはいかがなものでしょう。人と人との関係をたいせつにする幼稚園に人と機械の関係を形成し，あるべき姿を疎外していくことは望ましくありません。教育関係者は，時代の流れをしっかりと見極め，流行を先取りすることを競い合うのではなく，あるときは警告ランプを発信していくものでなければならないと考えます。
- 人とのかかわり方，交わり方，心のつなぎ方について体験させようとする保育のなかで，コンピュータはそれに反するものであり，今までもこれからも子どもの世界に少なくとも園の生活のなかへいっさい導入する気がない。あらゆるものに前向きな意欲，自律する心，努力する心を育てておけば，コンピュータなど（もう少し大きくなれば）どんどん学んでいくと思っている。今人との交わり方を学ばせず，機械との交わり方を学ばせようとする流れもあるが，今しか育たない，もっとたいせつなものを忘れないようにと声を大にして叫びたい。
- あまりこの時代から利用したくない。もっと素朴な原体験を重視したいので幼児にはまだ反対。
- コンピュータ教育の必要性については考えておりません。しかし，近い将来，小学校にも導入が進められているように，幼稚園にも依頼されてくると思います。ただ，幼児期は室内向けの活動を組み立てていくよりは，われを忘れて遊ぶ環境が，人間形成上大変重要なことと思っています。体をとおして思う存分，この時期は遊ばせたいと思います。
- 現在では家庭において利用している方も多い。園においてはコンピュータを取り入れなくても子どもの保育にしてあげたいことがいっぱいあると思うから，取り入れることは現在では考えていない。
- 5年前に2年間幼児用ソフトで使用するコンピュータ2台を使用しました．描画造形と文字・言葉に関するものでしたが，午後の1時間で年長児だけの使用にもかかわらず，幼児には悪影響を与えたように思います。という

> のも，生活の基礎も人とのかかわりかたも十分でなく，スーパーファミコン等のゲームとの区別がつくはずもなく，悪い言葉で表現するなら狂ったように他のことができにくく，コンピュータにさわることだけに興味を示す子がでてきました。やはり，幼児にとっては人とのふれ合い，自然との親しみ，自律心を養うことが先決問題であり，本園の教育方針にコンピュータは不要との結論に達しました。

以上を要約すると次のようになる。

賛成論は，①コンピュータという器械に恐れず慣れることができる。②低年齢の子どもでも，スタンプで絵を描くことができる。③物語のなかの木や動物をクリックするとそこから新たな展開が始まる。その結果，絵を注意深く詳細な部分までを観察するようになる。④大人の使用している本物の道具で遊ぶのが，大人と同一化して楽しい。⑤コンピュータを操作するときの方法，つまり，子ども自身がアクションを起こすとコンピュータが応答する，というメカニズムが，子どもを積極的にする。

反対論は，①ヴァーチャルなコンピュータで遊ぶよりは，本物にふれることが発達段階としてたいせつである。②子ども達は森で，自然にじかにふれさせたほうがよい。③人間関係の形成期であるから，人間器械関係をつくりたくない。

(2) 日本保育学会の発表数

幼児教育に携わっている，大学の先生，幼稚園や保育園の保育者，企業の研究者が加入している日本保育学会がある。毎年5月に研究大会が開かれ，500件近くの研究発表があるが，研究者や現場の保育者がどのような方面に関心と興味があるかが研究発表の内容によって推測可能である。そこで最近のコンピュータに関する研究発表数を見ると0.4％～2.6％で表2-1のようになっている。

学会でも幼稚園や保育園の園長も，幼児とコンピュータに関心のある人は数％であることがわかる。その数も2000年より減少して，最近では数件のみである。その原因は，「発売中のソフトウェアを試してみた」「有効なソフトウ

表 2-1　幼児とコンピュータに関する研究発表数（倉戸ら，2001 を修正）

年	全発表数	幼児とコンピュータ発表数
2003	466	2 (0.4 %)
2002	439	4 (0.9 %)
2001	418	4 (1 %)
2000	457	12 (2.6 %)
1999	465	7 (1.5 %)
1998	491	4 (0.8 %)
1997	468	4 (0.9 %)

ェアが開発されていない」「園独自のソフトウェアを開発することが技術的に難しい」「保育者がコンピュータを保育に使用する目的，効果がわからなくなった」「研究者が研究できる幼稚園や保育園が少ない」「研究者は一応実施して今後の方向性を模索中」といったことであろうと筆者は考えている。

2 ●●● コンピュータを導入する園の特徴

　ここでコンピュータを導入している園の特徴について考えたみたい。次の内容は，今までに幼児とコンピュータの実験をした園のようすや，アンケートの結果から得られた特徴である。

(1) 園長・主任のフレキシブルな行動・考え

　幼稚園や保育園の管理者である園長や主任が，フレキシブル（柔軟）で広い視野をもっていると新しい教育に挑戦することができる。

　たとえば，朝の自由時間は運動場で遊びましょうという規則をつくらない。給食は部屋の中で食べましょうという規則をつくらない。

　子ども達の自由を束縛しないような行動のもち主の園長のもとでは，子ども達や担任は，のびのびと自分の信念に基づいた最善の行動ができる。これは園長や主任が無関心・放任ということではない。子ども達自身の成長力を信じ，保育者の能力を信じるところから出発する。

(2) 子どもや保育者が活動できる自由な雰囲気があること

子ども達や担任の保育者たちが，自由に活動できるような園の雰囲気であることが望ましい。保育者も年功序列で発言するのではなく，思っていることを自由に発言できる。そして一人ひとりの行動を尊重する雰囲気であると，園自体が活発になる。

たとえば，自由保育の時間は，コンピュータで遊ぶこともできる。絵本を読むこともできる。ごっこ遊びもできる。小動物の観察もできる。運動場で縄とびや竹馬，サッカースキップ，一輪車に乗ることも保育者の許可を得ずに自由にできる物理的・心理的空間があると，子どもは挑戦してみようとする。

また，「コンピュータは年長さんの遊具よ」「竹馬も年長さんよ」とか，「三輪車は年少さんのだけの遊具よ」というように，子どもの年齢によって制限しない，園にあるもので自由に遊べる雰囲気がたいせつである。

(3) 新しいことをしてみようという雰囲気があること

教育の仕事は，保育者が子どもに基本的な文化生活の方法を伝達する，というたいへん地味で長期間かかって行なう活動であるが，何か新風があればそれを実施してみたい，新しいことにチャレンジしてみたいという態度が必要である。

たとえば，大人の世界では便利な道具として，職場から家庭にまで浸透しつつあるコンピュータを，どのように利用したらよいのか。それは教材なのか，遊具なのか，どのように利用すると効果があるのか，一度実験的に取り入れてみようという雰囲気が必要である。

(4) 子ども達の能力を伸ばしたいという雰囲気があること

園に通ってきている現実の子ども達を観察して，どのような子どもに育って欲しい，育てたい，という気持ちが保育者に必要である。

コンピュータを保育に導入することは，たんにコンピュータという遊具を買って保育室に置くということだけではない。そのコンピュータでどのように遊んでいるか，何をして遊んでいるか，子ども達のどのような部分を伸ばしたいか，という子どもを正確に観察することから出発して，将来にわたる指導計画

が必要とされる。

(5) 地域社会の理解があること

半田幼稚園で，保育のようすを観察し，研究会をしたあと，3 km ほど離れたトマト農家に立ちよったことがある。「はつなり（初成り）」とか「てんなり（天成り）」と話がはずんだ。店主とのやりとりで，「半田幼稚園に来た」と言うと，「コンピュータの先生？」と聞かれた。そう尋ねる理由を聞くと，「この町内では半田幼稚園の子ども達がコンピュータで遊んでいるというのは有名ですよ。保護者はもちろんですが，地域の人にも話題になっています」ということだった。さらに「私も，幼稚園の先生に教えてほしい」と言われた。

地域社会に幼稚園や保育園でコンピュータを保育に使用することの理解があると，幼稚園で実施している新しいことが受け入れられているというアイデンティティがもてて，喜んで保育をすることができる。

3 ●●● どのように導入するか

(1) 1台から始めよう

園内のみんなが使用するスペースに1台のコンピュータを置いてみよう。子ども達は目を輝かせて遊びだすだろう。

コンピュータを取り入れようとする園でまず悩みの種になるのは，何台設置するかということだろう。そんなとき私は「1台から始めましょう」と言っている。園に三輪車は何台あるだろうか。人数分あるだろうか。たいていは数台であろう。コンピュータも同じことである。

(2) 数台あればベスト

コンピュータは何台あればよいのだろうか。台数は使用目的によって決まる。中学校や小学校で，ノートや鉛筆のように一人ひとりが使用するならば，人数分必要であろう。しかし，幼稚園や保育園で遊具として置くならば数台で十分である。15人〜20人に1台あれば共同で仲よく遊べる環境をつくることができる。

子ども達は，コンピュータを他の子どもが使用しているならば，園内で遊べる他の遊びを見つけだして遊ぶという，バランス感覚をもっている。

　たとえば，半田幼稚園（コンピュータ4台，園児数69名）で5月から11月に，子ども達が自由保育時間にどんな所で遊んでいるかを調査したところ，コンピュータは，17.0％，廊下や入り口は，34.7％，保育室内10.9％，運動場37.4％であった[2]。

(3) 保育者のコンピュータの知識は少しだけで十分

　保育者はコンピュータの知識と操作能力をもっていなければ保育に取り入れることはできないのだろうか。このような心配をする保育者が多いのは事実である。とくに比較的年齢の高い園長にとっては切実な心配なのである。

　全員の保育者が使用できなくとも，園内に少し知識のある保育者が1人いると便利であろう。では，どのくらい知っていたらよいのであろうか。コンピュータのスイッチを入れること，ソフトウェアを立ち上げること，遊ぶこと，終了すること。このくらいができればよい。

　このくらいができるならば，家庭でワードプロセッサーを使用して文章を作成したり，E-mailでメール交換をしたり，友だちと連絡したり，ホームページを見て新しい情報を得たりしている保育者にとっては簡単なことである。

　コンピュータが故障したときはどうしたらよいのであろうか。フリーズ（ソフトウェアが固まって動かなくなる）したときはどうしたらよいのであろうか。その時に備えて，コンピュータをよく知っている友だち，出身大学の先生とか，教育センター，近くの大学，コンピュータ屋さんと懇意になって電話で助けを求められるようにしておくと便利である。それでも直らないときは修理を依頼すればよいのである。

　2000（平成12）年以降に保育者養成課程を卒業した保育者は，大学で基礎情報学とかコンピュータの授業を受講しているので，この程度の知識は十分もっている。若い保育者にゆだねるのもよいであろう。

(4) 教育の基本は，一人ひとりの行動を尊重すること

　コンピュータで遊ぶとき，マウスを持っている子どもに友だちが，「ここ押

して」とか，「私ウサギさん，私カメさん」といって共同でなかよく遊ぶことはできる。しかしマウスを操作して遊ぶのは基本的にはコンピュータと子どもの1対1の関係である。この1対1の行動を認められない園ではコンピュータはなじむことはむずかしいだろう。

たとえば，1人の子どもが長時間にわたってコンピュータを独占しているとき，保育者としてどういう行動をとるだろうか。他の子どもが「遊びたいのに替わってくれない」と言いに来たときにはどうするのだろうか。「まだ遊んでいないお友だちがいるから交替しましょう」と言うのだろうか。それとも「そうなの，いつ替わってくれるのかな？」と言うのだろうか。あるいは「遊びたいの，いっしょに替わってくれるのを待ちましょう」と言って，そばに行っていっしょに待つという行動をとるのだろうか。

コンピュータで遊んでいる子どもの意欲も，遊びたいという子どもの意欲も，どちらも尊重する民主的な保育はどのようにしたら成立するか，常に配慮しなければならない。

(5) 教育のキーポイントは発達の最近接領域

教育は発達の最近接領域をおさえて援助すると効果的であるとロシアの心理学者ヴィゴツキー[3]（Vygotsky, L. S.）はいう。最近接領域とは，「今は成熟していないがすでにその過程にあり，すでに芽を出し，明日ともなれば実をつけ，明日には現下の発達水準へ移行するような機能の発達過程」[3]をいう。保育者は子どもの最近接領域を見つけだしそこを援助するのである。援助の方法は，しぐさ，まなざし，言葉，具体的な手助けなどである。

この発達の最近接領域に対して援助しようとすると，一人ひとりの子どもの行動を詳細に観察して，いつが発達の最近接領域であるかを常に考えながら保育をするようになる。

たとえば，子どもが跳び箱に挑戦しているとき，ニコニコしながら見ている。今まで跳べなかった4段が跳べたときに「先生は嬉しい」というしぐさをして，「できたね」と言うと子どもは意欲的になり，よりむずかしい課題に挑戦するようになる。具体的な援助としては，跳び箱の最後の端の方にお尻をついてしまう子どもに対して，「跳び箱の真ん中ぐらいに手をつくといいよ」というよ

うに援助をすると、跳ぶことができるようになる。

　子どもは「先生は自分のことを見守っていてくれる」「自分は先生にたいせつにされている、愛されている」という感情をもち、ますます意欲的に活動をするようになる。

（倉戸幸枝）

引用文献
1) 倉戸直実・渡邉純・倉戸幸枝・村上優・山本泰三・山本真由美　2002　コンピュータをとり入れた幼児カリキュラムの開発と実践　平成11年～平成13年度科学研究補助金（基礎C一般・課題番号80077073）研究成果報告書　pp.163.
2) 倉戸幸枝・倉戸直実・村上優・渡邉純・山本泰三・山本真由美　2001　自由保育時間の遊びの選択について──コンピュータ遊びの導入により、遊びや遊び場所が変わるか　日本保育学会第54回大会研究論文集　pp.742-743.
3) Vigotsky, L. S.　1935　柴田義松・森岡修一（訳）　1975　子どもの知的発達と教授　明治図書　pp.12.

3章 「パルとプルル」と子ども達
——ヴァーチャルリアリティ

1 ●●● はじめに

図3-1
「ぱるとぷるる」への手紙（平成13年3月）

「ぱるとぷるるへ，CDおくってくれてありがとう」（図3-1）という赤や緑，黄色の風船の入った手紙は，5歳児のとしき君がCDを受け取ったときの嬉しさを書いたものである。

半田幼稚園では，数か月に1回，コンピュータのソフトウェアが入ったCDが，風船に吊されて空から舞い降りる。としき君はこの贈り物が庭木の枝の中にあるのを友だちと探しだし，わくわくしながらコンピュータのところへ駆け寄りファンタジーランドの「パルとプルル」から贈られたソフトを開いて楽しく遊んだ。[*1] そして，いよいよ卒園にする3月に，ファンタジーランドにいる「パルとプルル」に自分の気持ちを書いたのである。彼は「パルとプルル」にどのような気持ちで手紙を書いたのであろうか。「パルとプルル」とは想像上の人物である。

この章では子どものこのような心の特徴について考えてみることにする。

2 ●●● 実在と想像

コンピュータの中に現われる「パルとプルル」は，としき君にとっては，自

---

*1 「パルとプルルからのお便りがきたときの子どもの喜びようはすごいものがありますね。あんなに必死になって，風船を取りに行ったり，パソコンの画面にくいいるように見いっている子ども達を見て，いつまでも純粋な気持ち（パルとプルルを何の疑いもなく受け入れる）をもっていてほしいなと思いました」とテレビを見た保護者は記している。

分が生活している幼稚園の運動場にも，廊下にも，保育室にも現われるものである。また，幼稚園だけではなく自分の家にも，遊ぶ公園にも，通園途中の道にも現われると思っているのである。そして，自分は幼稚園を卒園するので別れなければならないと思って「ばいばい」と手紙を書いたのである。

図3-2　おげんきですか（平成13年3月）

としき君のクラスメイトのりょうが君が書いた手紙（図3-2）は「おげんきですか」と呼びかけている。その下の絵には，赤，青，黄色の風船に吊されたCDと自画像が描かれている。

ゆうかちゃんが「家で書いてきた」といって持ってきた手紙（図3-3）には，ついに「パルとプルル」が描かれている。ゆうかちゃんは「パルとプルル」に出会ったから，それをリアルな見える姿に描いたのである。その出会いのようすは，「パルとプルル」は同じ高さに並んで，楽しさを体全体，笑顔，伸びやかな手に表現している。そして文字で「また，あそぼうね」と，遊んだことが楽しかったから，またいっしょに遊びたいという希望を書いている。手紙の文面には「またCDおくってね」とあり，「パルとプルル」からの情報を運んでくれる媒体物のCDでの楽しい遊びを継続したいから，続けて送ってほしいという要望が書かれている。

図3-3　「ぱるとぷるる」（平成13年10月）
「ぱるとぷるる」は，ゆうかちゃんにとっては描かれた人物像から見ると「女の子」である。
自分が女の子であるから「ぱるとぷるる」も当然女の子であるという自己中心性が表われている。ゆうかちゃんは「ぱる」を「ぱるる」と表現する。

「パルとプルル」はどのように子ども達に受けとめられているのであろうか。年長組の淀澤郁代教諭は次のように解釈している。

I部　コンピュータは幼児教育現場でどう受け入れられているか

```
　　　パルとプルルのこと　　　　（ゆりぐみ）
○かわいい子（けんご）
○宇宙人みたい（上）
○CDや風船を届けてくれるからやさしい子（けんと）
○パルとプルルはくまとねずみ…一輪車にのったもん（なおき、しゅんい）
○頭にリボンをつけて、髪の毛は短い子ども（ひなこ）
○おひめさまとおうじさま（たつや）
○風船みたいな形をした顔（りゅうた）
```

図3-4　「パルとプルル」のこと（平成14年3月）

「子ども達は，思い思いに「かわいい子」「宇宙人みたい」「CDや風船を届けてくれるからやさしい子」（図3-4参照）などと答えているが，子ども達はまるで本当に「パルとプルル」に出会ったことがあるように生き生きと具体的な特徴をとらえて答えている。そこにはヴァーチャルと実体験との区別はないようです」

3●●● ヴァーチャル，アニミズム，トーテミズムと実体験

としき君，りょうが君，ゆうかちゃんをはじめとして年長の子ども達が体験した心の状態は，コンピュータ用語ではヴァーチャル[*2]というが，心理学用語ではアニミズム[*3]とかトーテミズム[*4]という。それは，簡単にいえば仮想の世界と現

[*2] ヴァーチャル（virtual：仮想）体験とは，コンピュータで体験するコンピュータ内の仮想のできごとである。ヴァーチャル・キャラクター（virtual character：仮想人物）は，コンピュータ上で作成された仮想のキャラクターをいう。「パルとプルル」はヴァーチャル・キャラクターである。広義には，ミッキーマウスや鉄腕アトム，ウルトラマンやスーパーマン，ピーターラビット等のアニメーションや絵本の登場人物もヴァーチャル・キャラクターである。

[*3] アニミズム（animism：汎心性）は，命のないものに命の活動を認め，動物や植物，無生物も人間と同様に，感じ考えることができるとする考え方。そのレベルについてピアジェは次のように言う。
　第1段階　すべての物は活動とか機能とかあるいはなんらかの用途をもっている生きものと認められる。
　第2段階　生命は運動によって定義され，すべての運動はある程度自発的なものと認められる。
　第3段階　自発的運動と外部の何かによって強いられた運動とを区別し，生命は自発的運動と同一のものとされる。
　第4段階　生命は動物のみか，あるいは動物と植物にのみ局限される[1]。

●●● 3章 ●●● 「パルとプルル」と子ども達——ヴァーチャルリアリティ

図3-5　CDを挿入

子ども達は「パルとプルル」から送られてきたCDをコンピュータに挿入し，ソフトウェアを立ち上げ，好きな遊びをクリックして，みんなで楽しく遊ぶ。

図3-6　「運動あそび」を楽しむ
　　　　（平成13年10月31日）

実の世界の仕切りがなく自由に行き来する心の特徴である。半田幼稚園の子ども達が「パルとプルル」に出会い，心の友として受け入れたのはこのような心的特徴があるからである。

しかし，幼稚園の子ども達がコンピュータで遊ぶことに対して賛成しない人もいる。その理由は，コンピュータで遊ぶことはヴァーチャルな世界で遊んでいるので，発達に必要な生活概念を形成する実体験がともなわない。子どもは運動場や森や川へ行って実物で経験を積んで学習することが発達環境として好ましいというものである。

4 ●●● 「パルとプルル」との出会いが学習意欲を高める

コンピュータで「パルとプルル」と遊ぶことは実体験がともなわないのであろうか。指摘されたように，それは消費的な遊びで，発達を促進させない時間の無駄遣いなのであろうか。

けっしてそうとはいえない。以下，学習意欲を高めた運動遊びの実際例を紹

---

*4　トーテミズム（totemism）とは，北米大陸のイヌイット部族等が，トーテムポールに彫刻された動物，植物，石等に神的力があるとする信仰。
　　トーテミズムは，アニミズムの対象と自分たちが特殊な影響を与え合う関係にある状態をいう。

介しよう。運動遊びを選んだのは，子ども達の行動を視覚的変化として確実に確認できるからである。

(1) 跳び箱に挑戦

　秋の運動遊びのさかんな時期に子ども達は「パルとプルル」から送られてきた CD の「運動あそび^{*5}」のソフトウェアを楽しんでいる。

　「運動あそび」の環境設定として，幼稚園にある遊具が「運動あそび」のソフトウェアに取り入れられているので，子ども達は日頃自分たちが運動場でやっている運動遊びが出るので興味をもちながら，「ネズミさんやウサギさんがどのように遊んでいるのかな，どれくらいできるのかな」と思いながら遊んでいる。ソフトウェアのなかの動物たちの達成レベルは，子ども達のレベルと，同じくらい，少し高いレベル，少し低いレベルに設定されている。そこで，低いレベルが出てきたときは「私のほうができる」と言い，高いレベルのときは，「私も挑戦しよう」「がんばろう」と言いながら遊んでいる。

　20分ぐらいソフトウェアで楽しんでいるとき，ある子どもが「私も跳び箱したい」といって，運動場へ行って跳び箱で遊び始めたようすが，図3-7と図3-8である。

図3-7　私も跳べる
（平成13年10月31日）

図3-8　もう少し高くしよう
（平成13年10月31日）

＊5　「運動あそび」のソフトウェアには，「1．サッカースキップ，2．縄跳び，3．かけっこ，4．竹馬，5．一輪車，6．つな引き，7．跳び箱」が入っている。競争を始めると，それぞれの競技をして1位2位が決まる。その順位は乱数表によって毎回変わる。子ども達は，私はクマ，私はネズミ，私はウサギといって，順位が決まる以前に予告して，自分が選んだクマさんやネズミさんが何番になるか楽しんでいる。

（2）サッカースキップに挑戦

「運動あそび」のなかのサッカースキップでクマさんが跳び始めた。子ども達は1回跳ぐごとに大きな声で数を数え始めた，「1，2，3……80，81」回跳んだ。何回か数えて遊んでいるときに，今まで運動場であまりサッカースキップを跳んで遊んでいる行動がみられなかったKちゃんが，「私のほうが跳べる」と小さな声で言って，運動場へ走って行って跳び始めた。大きな声で，「1，2，3……91，92」と数えた。クマさんよりも多く跳ぶことができた。Kちゃんは保育者のほうを見て，「私のほうがたくさん跳べたでしょう」というような顔をしてニコッと笑った。保育者は「すごいね」といって認めた。子どもはヴァーチャル空間のなかのクマさんと現実の自分の行動を比較して満足しているのである。

図3-9　私のほうが多く跳べる
（平成13年10月31日）

（3）竹馬に高く乗る

ネズミさんは竹馬の足を長くして高いところに乗っている。体は小さいのだが体の一部分になる竹馬の足を高くして身長を高くすることができる。子ども達の大人に対する劣等感というか，早く大人になりたいという希望の重要な部分は大人と同じような背の高さになりたいということであろう。ネズミさんは金槌を使って竹馬の足を高くしている。それを見た子ども達も同じように高くして大人と同じように高くなって得意そうに歩いている。カメラを向けると「撮って」と言って笑いかけてきた。「高いね！」と言って撮った写真が図3-10である。

図3-10　先生よりも高くなった
（平成13年10月31日）

(4) 竹馬に，クマさんよりもいっぱい乗れる

さきちゃんはクマさんと競争して，「くまさんよりもいっぱいのれるよ，110かいのれたよ。また，いっしょに，たけうま，きょうそうしよう」と手紙を書いた。

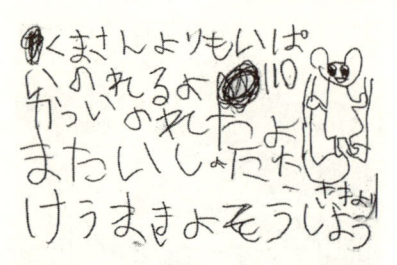

図3-11　クマさんよりもいっぱいのれるよ
（平成13年10月）

(5) 一輪車がんばるよ

幼稚園の子ども達にとって一輪車に乗ることは技術的にかなりむずかしいことである。一輪車を用意してある幼稚園も少ないし，用意してあっても自由に乗れる子ども達は少ないようである。

半田幼稚園で，5月に「パルとプルル」から送られてきたCDの一輪車の場面で遊んだ子ども達は，食い入るように画面を見て，私もクマさんと同じように乗りたいと思う達成動機が心のなかで起こったのであろう。

数人の子ども達は運動場に出て，一輪車に挑戦し始めたのである。ところが，バランスを取ることがむずかしくすぐには乗ることができない。ふつうならここで，あきらめるのであろう。しかし，頭の中では，ウサギさんが乗っていた，ウサギさんもこけていた，ウサギさんでも乗れるのだからがんばろうと，何回も何回も乗ろうとして挑戦するのである。サドルの上に腰掛けられるまで何百回もバランスをとりながら挑戦した。

図3-12　一輪車（10月のCDには，3人手つなぎが入っている）

筆者が見ていた日にも20分以上，何回も何回もサドルの上に座ろうとしてくり返していた。朝の自由保育時間が終わりそうになって，ほとんどの友だちが保育室に入るまで，遠くから運動場全体のようすを見ながら，練習，練習。最後の1人になったとき，急いで保育室のほうへ駆けていった。その時遠くから関心をもって見ていた担任の保育者は，「がんばったのね！」と言った。すると，にこ

図3-13　練習，練習，練習
（平成13年6月）

図3-14　乗れるよ
（図3-13から1週間後）

っと笑って，手を洗い部屋の中へ入って行った。

次の週には，もう10メートルほど乗れるようになっていた。その間に何回練習したのであろうか。どこから集中してがんばろうとするエネルギーが湧き起こるのであろうか。ソフトウェアのなかのウサギさんとの競争が強力な動機づけになったのであろう。

(6) より高度な遊びに挑戦

一輪車の続きを観察してみよう。

5月から挑戦して10月31日の「研究保育」の当日には，とうとうファンタジーランドの「運動あそび」で，クマさんや，ウサギさん，ネズミさんが，「一輪車で，ふたりてつなぎ，こーひーかっぷ，さんにんてつなぎ」をしているのと同じ「さんにんてつなぎ」を何回も楽しんでいるのである。子ども達は自信に満ち生き生きとしている。

図3-15　3人手つなぎ
（平成13年10月31日）

(7) 限界と言わないで！

3人はもう「限界と言わんといてや」「限界限界と言ったら，できへんのや

から」と言いながら、「はよ、やろ」と3人で手をつないで、回り始めた。回っている最中にも、「限界いわんとってな」「限界限界いって、手はなしたらだめよ」と言いながら、可能な限り長い時間「さんにんてつなぎ」を続け、次は18秒、20秒、15秒と自分たちが身につけた技術で楽しんでいる。

図3-16　限界限界と言ったら、できへんのやから（平成13年10月31日）

5 ●●● 子ども達が体験したこと

　子ども達が、半田幼稚園で2年間にわたり体験したことについて、まとめてみよう。

(1)「パルとプルル」に出会ったこと
　幼稚園は、家庭と比較すると、豊富な環境が用意されているところである。それは、物的には運動場、保育室、遊具、絵本、楽器、飼育動物、行事、人的には園長、担任、友だちである。そこに、半田幼稚園ではファンタジーランドというコンピュータのなかのヴァーチャルな、「パルとプルル」に出会うように設定された。これは環境として多大な効果があった。

　コンピュータのなかのヴァーチャルな登場人物との関係で、子ども達の心のなかに自分もできる、やってみよう、という意欲をもてたことであった。子どもの心理的な特性であるアニミズムがはたらいたのである。

　このアニミズムの状態を半田幼稚園の保育者は、的確にとらえ、一人ひとりの子どもの顔を思い出しながら、いま何が必要かを判断して、子どもの行動を伸ばすソフトウェアを作成したのであった。その結果、子ども達は学習意欲を高め、挑戦しようという要求水準が高くなった。これは幼児期に身につけたすばらしい行動様式である。このプロセスを図示すると図3-17のようになる。

```
子どもの姿 → 今伸ばしたい行動 → ソフトウェア作成 → 発達した子どもの姿
```

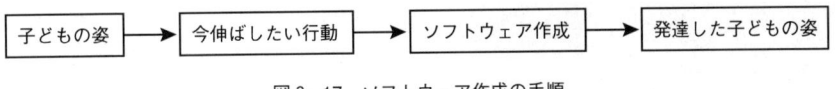

図3-17　ソフトウェア作成の手順

(2) 保育とソフトウェア作成

　図3-17の子どもの姿を知るためには，正確な観察が必要となる。それも，クラス全体と一人ひとりの行動を知る必要がある。まず，クラス全体の現在の姿の最大公約数を知る。そこから個人的特性である一人ひとりの行動を観察する。この観察を土台として，全体の教育計画をたてる。また，一人ひとりのどの部分の発達を伸ばすかという個人的な発達援助計画に基づいてソフトウェアを作成する。そのソフトウェアで楽しんだ子ども達が教育計画にそった発達をしているかという評価が，発達した子どもの姿である。この作業を，今回の研究では，12回行ない，12のソフトウェアを作成した。

(3) 自由な雰囲気

　保育環境の人的部分で最もたいせつなところは，自由なそして民主的な雰囲気である。

　自由なという部分では，まず，一人ひとりの保育者が自分の教育的な信念に基づいて，最大の努力をして教育効果を上げることを許容する雰囲気である。そして，そのような保育者が子ども達に対して，一人ひとりの発達を援助しよう，園内では自由に自己を発揮してよいのだという雰囲気である。

　半田幼稚園では，このような雰囲気が見事にできあがった。たとえば，教育長が急に来園しても，園長や保育者の態度が急に変わることがなく，保育者も子ども達ものびのびと活動している。また，子ども達も，園長や担任と平等な人間関係で保育を受けている。このような雰囲気が，コンピュータのなかで体験したことを自分の行動に結びつけて実行してみようという子ども達の意欲に結びつくのである。

(4) 援助のポイントは最近接領域

　教育的な援助が最大に効果を発揮するのは，最近接領域[*6]や要求水準[*7]を考慮す

I部　コンピュータは幼児教育現場でどう受け入れられているか

図3-18　最近接領域による援助
　　　　（平成13年10月31日）

ることである。図3-18では、半田幼稚園の園長が子ども達を援助しているようすである。

　写真を詳細に見ると、園長のまわりには竹馬に乗った子ども達が近寄ってきて、園長と話をしたり竹馬の高さの調節をしてもらっている。園長は木槌を持ち竹馬に乗る足台を上に移動したり下にさげたりしている。子ども達が近寄ってきて「もう少し上に上げて」と言えば、木槌でコンコンとたたいている。そのときに、「高く乗れるようになったね」とか、「ウサギさんより高いね」と言っている。じょうずに乗れない子どもには、「もう少し竹を前に出すとバランスがとれるよ」と正確な情報を言って、乗ろうとしているようすを見ている。子どもは園長に見てもらっていると思うと、真剣にバランスをとり数歩歩けるようになる。園長は「4歩も歩けたね」「バランスがとれたね」とその子どもの援助すればできるポイントをそれとなく言うようにしている。

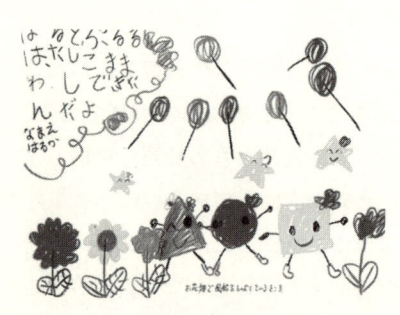

図3-19　こままわしできた
　　　　（平成14年3月）

　また、要求水準の向上としては、「さっきよりも多く歩けたね」とか、「高くてもバランスをじょうずにとって歩いたね」とか、「高いところから見ると何が見える？」というようにして、子ども自身ができるのだという感覚をもち、子どもが要求水準をあげるように援助している。

　いろいろな遊びでこのような経験をす

＊6　ロシアの心理学者のヴィゴツキー[2]（Vygotsky, L. S.）は「今は成熟していないがすでにその過程にあり、すでに芽を出し、明日ともなれば実をつけ、明日には現下の発達水準へ移行するような機能の発達過程」と言い、教師は一人ひとりの子どものそのポイントを見つけ出し、言葉かけや行動で援助することが重要である。

＊7　ドイツの心理学者ホッペ[3]（Hoppe, F.）は、「成功や失敗の体験は行動の単純な結果ではなく、どのような要求水準を持っていたかによる。要求水準はそれぞれに違う高さを選定することができ、顕著で根深い個人差がある」と報告している。

ると，自分のできたことを「パルとプルル」に手紙で「ぱるとぷるる，こままわしできたんだよ」と図3-19のように報告したくなる。
　園長に認められ，「パルとプルル」に認められるという，二重の媒体があることがわかる。

(5) 媒体

　子ども達が幼稚園で行動を起こすときには，その媒体が必要になる。その媒体が数多くあると豊かな環境になり，行動も活発になることを図3-20と図3-21に示した。

図3-20　行動を起こさせる媒体

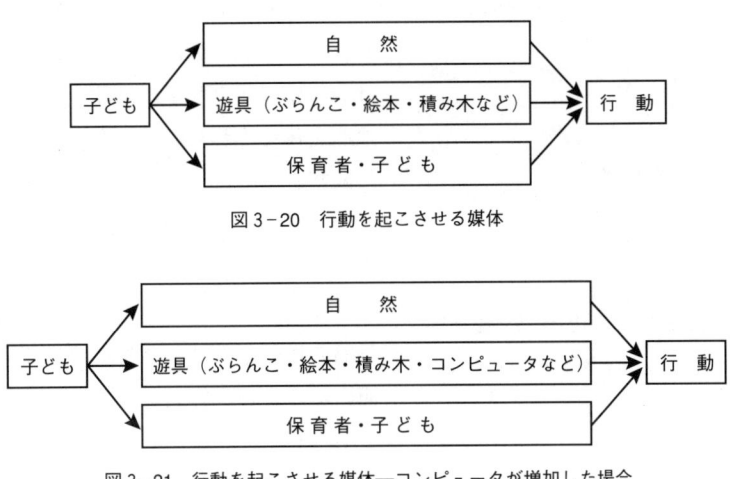

図3-21　行動を起こさせる媒体——コンピュータが増加した場合

6 ●●● 豊かな環境には次のことが考えられる

(1) コンピュータは応答的な遊具である

　コンピュータは最初に電源を入れなければ動き出さない。そして，コンピュータが立ち上がる1分は待たなければならない。そのときにいろいろな操作をしてもコンピュータは応答してくれない。立ち上がったら，ソフトウェアの入っているCDを挿入する。同じようにCDが立ち上がるまで待たなければ動か

ない。立ち上がってから，コミュニケーションをしてくれる媒体であるマウスを動かし画面の遊びの場面をクリックして遊ぶ種類を選択する。待ち，選択し，自己決定をしなければ応答しないのである。

この自己決定と応答という行動の関係は，コンピュータから離れて遊ぶときにも子ども達に身についた行動様式になった。自分から信号を送らなければ相手は動かないという行動様式は，積極的で自発的に行動する子ども達を育てる環境になる。

(2) 詳細な観察

図3-22を見ると，風船に乗ってやってきたCDは赤，青，緑。テントウムシは4星，足の数は4本，チョウチョには羽に模様，ウサギの足は4本，ヘビは地面を体をくねらせて前進する，と詳細に観察している。大人の目から見るとまちがいもあるが，観察眼がつき始めていることがわかる。これは，コンピュータのマウスをクリックするときに注意深く目的の場所をクリックしなければ違う画面になるという経験をしている学習効果であろう。

図3-22 「ぱるとぷるる」への手紙
（平成14年3月）
詳細な観察が見られる

(3) 共同で遊ぶ

図3-6を見ると写真に写っているだけでも12人の子ども達が遊んでいる。マウスを持って操作しているのは1人である。その状況は，最初は1人で遊んでいるのだが，だんだん，マウスを持っていない子どもも，「そこクリックして」と指示したり，「私はウサギさんだよ」と言って画面を見ながらいっしょに遊ぶようになる。

このように共同で遊べるかどうかは，ソフトウェアの内容によって決まる。共同で遊んでいるということは，ソフトウェアを企画する段階で保育者たちが共同で遊べるように意図し，そのような内容に作成したからである。

共同で遊べない内容は，個人で点数を競争したり，敵を倒したりするようなソフトウェアである。

（4）保育者の行動が変わる

「パルとプルル」で遊んでだれが一番変わったのであろうか．仮説段階では，もちろん，変えたいのは子ども達である，と思っていた．ところが，保育者たちも変わったのである．

その理由を考察してみると，ソフトウェアを企画する段階でまずしなければならないことは，子ども達の観察である．ソフトウェアを作成するのだという明確な意図をもって，あらためて子ども達を詳細に観察すると，今まで見えてこなかったことが見えてくる．それも，2000年度より2001年度のほうがより詳細な点に気づくのである．たとえば，2000年の秋の運動遊びを2001年度に見ると図柄やウサギさんやネズミさんの動きが満足できない．ソフトウェアで遊んだ子ども達の行動のようすが予測できるようになり，行動を変える効果的なソフトウェアの内容にすることができるようになったのである．これは保育者がどのように行動すれば，子ども達を発達させるかがわかったことを示しているのである．

子ども達は保育者から学び，保育者は子ども達から学ぶ．

（倉戸直実）

引用文献

1）Piaget, J. 1926 大伴茂（訳） 1954 児童の世界観（臨床児童心理学） 同文書院 pp.334.
2）Vygotsky, L. S. 1935 柴田義松・森岡修一（訳） 1975 子どもの知的発達と教授 明治図書 pp.12
3）Hoppe, F. 1930 （Lewin, K. 1935） 相良字次・小川隆（訳） 1957 パーソナリティーの力学説 岩波書店
4）倉戸直実（企画） 渡邉純・若江眞紀・村上優（話題提供） 今西哲朗（指定討論） 1994 自主シンポジウム「幼児とコンピュータ」日本保育学会第47回大会研究論文集 pp.37.
5）倉戸直実・渡邉純・倉戸幸枝・村上優・山本泰三・山本真由美 1999 表現の道具としてのコンピュータを通した幼児教育の可能性（文部省科学研究補助金成果報告書） pp.1-188.

I部 コンピュータは幼児教育現場でどう受け入れられているか

4章 幼稚園でのコンピュータ教育実践活動と幼児の心身の発達への影響

1 ●●● 目的

　学校教育のなかで情報教育が必須のものとされ,「コンピュータ」を教えることが小学校年齢から開始されている。中学校ではどの教科で教えるかといった議論がなされ,いまだ「コンピュータ」の基本操作を教えることが中心のように思われる。平成14年より展開されたIT講習でも使用方法を教えるのみで,「コンピュータ」をとおして,どのようにコンピュータを利用する可能性があるかや限界があるかを理解させるための教育がなされているとは感じられない。そのような状況のなかで私たちは,以前より「幼児教育・保育のなかにコンピュータという道具を取り入れることに意味があるのか」「もし利用するとすればどのようカリキュラムのなかに取り入れていくのか」等の検討を重ねてきた[1),2),3)]。

　上記の議論には,さまざまな立場から賛否両方の意見があると思われるが,その議論を進めるうえで,教育効果や心身への影響等も客観的資料のもとになされているとは言いがたい。私たちは個々の幼児の発達的変化およびそれに影響すると思われる客観的要因等を継時的に調査することで,イメージや主観的判断に頼った議論ではなく客観的検討が可能となると考え,調査研究を開始した[4),5),6)]。

　筆者らの今までの調査研究からは,コンピュータは,幼児にとって表現手段の多様化や興味・関心の促進に加え,対人関係の活発化や交流の手段としての利用等効果をもつものとの印象をもっている[7),8),9)]。そして,それはどのようにコンピュータを取り入れることによって達成されるのか,また,どのような子どもにとってそれがプラスの効果を期待できるかを研究しようと計画し,現在,幼児に対してコンピュータを取り入れた教育を実践しつつある[10),11)]。そのなかで,私たちは「どのような環境・興味をもった子どもに適しているのか」また,「どのような認知や情報処理能力が発達するのか」等について客観的に

評価し得るかを明らかにしようと考えた。
その視点として以下の3点を考えた。
Ⅰ：幼児のコンピュータに対する姿勢やイメージに影響すると思われる環境に対する調査

幼児のコンピュータに対する姿勢や興味に大きな影響を与えると考えられるものは，①幼児が生活するなかでコンピュータがどのような形で存在し，ふれているかという生活環境を知ること，②幼児教育のなかにコンピュータを取り入れていくことに対する保護者の意識やコンピュータ使用経験の2点であると考え，これらについて保護者に質問紙調査を実施した。

Ⅱ：幼児自身の個々の発達特性，行動特性についての調査

コンピュータに対して親和性を示す幼児の特性というものがあるのか，逆に，コンピュータにふれることで幼児の心身に影響を与えることが明らかにあるのかを知るためには，幼児の個々の発達や行動の特徴や心身の状況を調べる必要がある。そのために幼児自身への個別調査，保護者と保育者の観察による情報収集による調査を実施した。

Ⅲ：幼児のコンピュータに対する親和性の調査

ある一定期間を通じて子どもがコンピュータとどのようにふれ合うかを記録する。

以上の3点である。そして，それらが相互に関連するものであるのかを検討することで前述の評価がなし得るのではと考え，以下に示す方法で検討を行ない，若干の知見を得たので報告する。

「対象と方法」　対象は，年長児39名（男児15名，女児18名），年少児29名（男児16名，女児13名）の計62名とその保護者である。上記のⅠ，Ⅱ，Ⅲを検証するために以下の方法で検討した。

①発達状況のチェック

個々の幼児に対して，平成12年5月および平成13年5月，平成14年2月に幼稚園において個別に，1．WPPSI（幼児知能検査）の動物の家（手や指の器用さ，先を見とおす力，ルール等の理解力等を推し測る）2．WPPSIの絵画完成（目で見て物を知覚する能力）3．ITPA（言語学習能力診断）の文

の構成（言葉を聞いて意味を類推し，文をつくる力）4．K-ABC（心理・教育アセスメントバッテリー）の数唱（集中して聞き，短期の記憶力）の計4項目を検査した。

②その保護者に対して，保護者のコンピュータ使用経験，コンピュータへのイメージ，幼児教育への導入に対する意見や子どもの家庭での遊びや稽古ごと等の経験，保護者が感じる子どもの心身の症状や行動の傾向等について独自に作成した質問紙（表4-3）を平成12年6月末に担任を通じて配布，回収した。

　回収率は，5歳児クラス84.4％，4歳児クラス78.9％であった。

③担任による行動評価（表4-2）

　その同時期に，担任に対して，幼児の心身の状況や集団内での対人関係行動，コンピュータに対する興味・関心等に関する30項目からなる質問紙（S.D.法による5段階評価）を実施した。

④教室内でのコンピュータおよび遊びのVTR記録

　年間を通じて一定時間，幼稚園内の定点で遊びとコンピュータを設置した室内での子ども行動と会話，コンピュータの利用状況を継時的にVTRにより記録し，個々の幼児の行動をコンピュータに対する接近行動，利用時間，指示等の言動，他の遊びの有無を「ある・なし」として記録した。記録方法についての詳細は別項の報告にゆずるが，自由にコンピュータにふれることができる朝の自由時間（おおむね1時間）に，フロアに置かれた4台のコンピュータを操作した幼児，その周囲にいて操作者に指示を与えたり，興味をもって見ている幼児を接近行動ありとし，それ以外の幼児を接近行動なしとして比較した。

　次に，①②③④により得られたカリキュラム開始当初と終了時期の個々のデータすべてを統計的に解析し，どのような側面に変化がみられるか。幼児の行動や発達とコンピュータ利用との間になんらかの関連が認められるかを検討しようと考えた。

　今回は，④の記録のうち，コンピュータを利用したカリキュラム開始当初の幼児のコンピュータに対する行動（平成13年5月23日）と②と③から得られた心身の症状，行動の特性，①から得られた発達状況ならびにカリキュラムが6か月経過した時期の幼児のコンピュータに対する行動（平成13年10月10日）と幼児の行動特性をクロス集計することによって検討した。

2 ●●● 結果と考察

（1）個別発達検査の結果について

個別検査のうち WPPSI の動物の家と絵画完成は，おもに言葉でなくても見る力があれば理解でき，動作の能力をみるもので，これらの結果，とくに，動物の家，つまり視覚認知を評価する項目については対象児の平均得点が標準値の 10 を大きく上回る結果となり，視覚優位の傾向が，園の特異性か，最近の幼児のおかれた環境に影響しているのかは即断できないが，視覚的な能力が優れている幼児がよりコンピュータに親近感をもつのではないかと考えられた。ITPA の文の構成と K－ABC の数唱は言葉や聞く力をみるもので，これらはほぼ平均を示す値であった。

（2）教室内でのコンピュータおよび遊びの VTR 記録から

カリキュラム開始からほぼ週に 1 回程度，保育時間内 VTR により教室内を記録した。そのうち自由遊びの時間について，前述の方法で個々の行動を評価した。カリキュラム開始当初はコンピュータ周辺に群がる人数が多く見られたが，徐々に，多くの遊びのなかのひとつであるかのような位置づけに変わり，関心が続くグループと関心が低下するグループ，当初から距離をおくグループに別れてくる傾向が感じられた。

（3）クロス集計の結果から

1　発達状況とコンピュータに対する行動

コンピュータの操作や興味に関連するとも思われる視覚認知および手指の操作性と言語能力，聴覚的短期記憶に関する発達状況を調査するため 1．WPPSI の動物の家，2．WPPSI の絵画完成，3．ITPA の文の構成，4．K－ABC の数唱を個別に検査し，5 月のコンピュータに対する行動とを比較したが，表 4－1 に示すとおりいずれの項目でも有意な差異は認められなかった。前述のとおり母集団全体に視覚認知の優位性がみられたが，そのことがコンピュータに対する行動に反映する結果とはならなかった（表 4－1）。

表4-1 行動1（2000年5月）と発達検査結果

	F値	df	有意差
絵画完成	18.592	14	n.s.
言葉の類推	21.667	19	n.s.
数の復唱	7.797	10	n.s.
動物の家	9.2	10	n.s.

2　幼児の行動特性とコンピュータに対する行動

　幼児の行動や性格特性に関する30項目について「非常にそう思う」を5，「まったく思わない」を1として評定し，幼児のコンピュータに対する行動との間で比較検討した。

表4-2 行動1と担任の行動評価（前半）（2000年6月）

	F値	df	有意差
1. 積極的である	7.796	5	n.s.
2. グループのリーダー的存在である	5.581	4	n.s.
3. 首をふる	2.552	4	n.s.
4. 視力が悪い	2.473	4	n.s.
5. いつもニコニコしている	4.188	4	n.s.
6. 朝ボーッとしている	6.984	4	n.s.
7. すぐカッとなる	6.793	4	n.s.
8. 乱暴である	3.616	4	n.s.
9. ひとり遊びが多い	5.844	5	n.s.
10. 落ち着きがない	4.496	5	n.s.
11. よく頭が痛いという	2.707	3	n.s.
12. 友だちのなかになかなか入れない	4.733	5	n.s.
13. 手先が器用である	6.739	4	n.s.
14. 指しゃぶりや爪かみ等の癖がある	6.138	5	n.s.
15. 疲れやすい	7.913	5	n.s.
16. よく目をパチパチする	6.239	4	n.s.
17. 緊張しやすい	3.958	4	n.s.
18. 融通がきかない	4.23	4	n.s.
19. 自分勝手である	4.538	5	n.s.
20. 話し好きである	7.509	5	n.s.
21. のんびり屋である	4.077	5	n.s.
22. 好奇心が強い	9.243	4	n.s.
23. 世話好きである	6.038	4	n.s.
24. 外遊びが好きである	5.842	4	n.s.
25. 集中力が高い	3.393	4	n.s.
26. 教師の言うことを聞かない	4.393	5	n.s.
27. 創造性が高い	4.281	3	n.s.
28. 自主性がある	7.434	4	n.s.
29. コンピュータ以外の遊びをしない	4.382	4	n.s.
30. 自己主張が強い	8.015	4	n.s.

表4-2に示すとおり担任の評価する幼児の行動は、カリキュラム開始時期の5月時点ではコンピュータに接近行動がみられる幼児とコンピュータに接近行動がみられない幼児との間で行動特性に差異はみられない。しかし、表4-3のとおりカリキュラムが6か月経過した時点での担任の行動評価では、コンピュータに接近行動がみられない幼児は「積極的である」（f=9.016, $p<0.05$）「世話好きである」（f=8.114, $p<0.05$）の2項目で有意に4と5が多く、「コンピュータ以外の遊びをしない」（f=7.069, $p<0.05$）の項目は、有意に1と2が多い結果となった。また、「のんびり屋である」（f=9.572, $p<0.05$）は2と3が有意に多いといえた。コンピュータに接近行動がみられた幼児は「グループのリーダー的存在である」（f=12.514, $p<0.01$）は有意に1から3が多く、「集中力が高い」（f=9.572, $p<0.05$）は、有意に3と4が多いといえた。

以上から、幼稚園でのコンピュータカリキュラムが開始した当初の行動評定では差異が認められないのに、6か月後では行動に差異がみられたことは、コンピュータをよく利用する幼児にはなんらかの特性があるとも考えられる。つまり、積極的で、リーダーシップがあり、世話好きな幼児はあまりコンピュータに関心を示さない傾向があるといえ、一方、コンピュータに関心を示すのは

表4-3　行動1と保護者のアンケート（2000年6月）

	F値	df	有意差
1. 目をパチパチするようになった	2.316	5	n.s.
2. 数字や文字の学習に役に立った	2.793	5	n.s.
3. 外で遊ばなくなった	4.89	4	n.s.
4. 目が悪くなった	3.246	4	n.s.
5. 集中力が高まった	3.294	5	n.s.
6. 疲れやすくなった	3.986	5	n.s.
7. 友だちと遊ばなくなった	7.697	4	n.s.
8. 親の言うことを聞かなくなった	4.355	4	n.s.
9. 創造性が高まった	2.96	5	n.s.
10. 生活に必須の道具になった	1.357	4	n.s.
11. 自主性が高まった	2.439	4	n.s.
12. 積極性が出た	1.38	4	n.s.
13. 集団で遊べなくなった	2.016	4	n.s.
14. 落ち着きがなくなった	1.357	4	n.s.
15. 体力がなくなった	3.821	4	n.s.
16. 自然にふれなくなった	3.776	4	n.s.
17. ほかの遊びをしなくなった	2.191	4	n.s.
18. すぐカッとするようになった	3.687	4	n.s.

集中力が高いと評価される幼児に多いと考えられた。また，コンピュータに対する関心は二極化しているようにも思われた。

3 幼児の心身の状況とコンピュータに対する行動

保護者アンケートで回答された18項目の幼児の心身の状況とカリキュラム開始時の幼児のコンピュータに対する行動との関連を比較検討したが，いずれの項目においてもコンピュータに接近行動を示す幼児と接近行動を示さない幼児との間で有意な差異は認められなかった（表4-4）。

今回は，コンピュータを取り入れた幼児教育でのカリキュラムの開始時点と

表4-4　行動2（2001年10月）と担任の行動評価b

	F値	df	有意差
1．積極的である	9.016	3	P<0.05
2．グループのリーダー的存在である	12.514	4	P<0.01
3・首をふる	0.509	2	n.s.
4．視力が悪い	2.089	4	n.s.
5．いつもニコニコしている	1.982	4	n.s.
6．朝ボーッとしている	0.352	2	n.s.
7．すぐカッとなる	2.935	4	n.s.
8．乱暴である	2.408	2	n.s.
9．ひとり遊びが多い	4.116	4	n.s.
10．落ち着きがない	3.378	4	n.s.
11．よく頭が痛いという	1.935	2	n.s.
12．友だちのなかになかなか入れない	2.027	4	n.s.
13．手先が器用である	7.451	4	n.s.
14．指しゃぶりや爪かみ等の癖がある	3.472	2	n.s.
15．疲れやすい	5.046	2	n.s.
16．よく目をパチパチする	6.07	3	n.s.
17．緊張しやすい	4.374	3	n.s.
18．融通がきかない	4.241	3	n.s.
19．自分勝手である	1.248	4	n.s.
20．話し好きである	3.075	3	n.s.
21．のんびり屋である	9.512	4	P<0.05
22．好奇心が強い	1.359	2	n.s.
23．世話好きである	8.114	3	P<0.05
24．外遊びが好きである	2.413	3	n.s.
25．集中力が高い	9.572	4	P<0.05
26．教師の言うことを聞かない	3.621	2	n.s.
27．創造性が高い	3.421	3	n.s.
28．自主性がある	1.65	3	n.s.
29．コンピュータ以外の遊びをしない	7.069	2	P<0.05
30．自己主張が強い	3.581	4	n.s.

6か月経過時点のおのおのコンピュータに対する行動と幼児の発達や行動等との関連を全体として比較したが，今後各幼児がどのように変化していくかについて検討が必要であろう．

3 ●●● 要約

コンピュータに対する行動と幼児の心身状況，行動特性，発達状況等との間にどのような関連がみられるかを統計的手法を用いて比較検討した．心身の症状や発達状況との間では関連は認められなかったが，行動特性についてはコンピュータを利用したカリキュラムを開始する前後で変化がみられ，一部の幼児は遊びがコンピュータ中心になる傾向も感じられ，一方で，集中力が高いと評価される面も認められた．また，リーダーシップがあり，積極性があり，世話好きな幼児はコンピュータにあまり関心を示さない可能性も推測された．

（渡邉　純）

引用文献

1) 倉戸直実・村上　優・若江真紀他　1994　自主シンポジウム　幼児とコンピュータ教育　日本保育学会第47回大会　pp. 37.
2) 広利吉治・渡邉　純・倉戸直実他　1994　幼児とコンピュータ研究（Ⅰ）——家庭用テレビゲームと親の意見と子どもの心身の発達について　日本保育学会第47回大会　pp. 728-729.
3) 山本真由美・倉戸直実・渡邉　純他　1994　幼児とコンピュータ研究（Ⅱ）——コンピュータへのアプローチ　日本保育学会第47回大会　pp. 730-731.
4) 倉戸直実・村上　優・倉戸幸枝他　1997　幼児に対するコンピュータ教育の可能性について（1）——10回のコンピュータ操作体験でどのように学習したか　日本保育学会第50回大会　pp. 946-947.
5) 村上　優・倉戸直実・倉戸幸枝他　1997　幼児に対するコンピュータ教育の可能性について（2）——使用ソフトを中心として　日本保育学会第50回大会　pp. 946-947.
6) 村上　優　1998　幼児は，いかにコンピュータを操作するか——幼児用ソフトウェアの使用頻度と操作時間の分析　浪速短期大学紀要第22号　pp. 175-210.
7) 倉戸幸枝　1998　幼児のコンピュータ操作場面における人間関係——ソフトウェアによる遊び方の特色と会話　浪速短期大学紀要第22号　pp. 1-16.
8) 倉戸直実　1998　幼児のコンピュータマウス操作の認知構造の変化　浪速短期大学紀要第22号　pp. 165-175.
9) 山本泰三・倉戸直実・渡邉　純他　1999　コンピュータに関する教員のイメージ

Ⅰ部　コンピュータは幼児教育現場でどう受け入れられているか

　　――保育者養成校における「コンピュータに関するアンケート（個人用）」から　保母養成協議会研究大会第34回　pp. 40-41.
10）村上　優　1999　保育環境におけるコンピュータ利用とソフトウェア開発――幼稚園での実践を通して　浪速短期大学紀要第23号　pp. 131-150.
11）倉戸直実　1999　コンピュータ遊びと人間関係――保育室内にコンピュータを設置した場合の人間関係　浪速短期大学紀要第23号　pp. 111-121.

5章 自由遊びの選択について

1●●● コンピュータ遊びの導入により，遊び場所や遊び時間が変わるか

(1) はじめに

　私たちは，幼児がコンピュータを使用して遊ぶことに大きな可能性があると思っている。大人社会でもコンピュータはたいへん便利な道具になっていて，社会を動かす原動力になっている。このようなおもしろい便利な道具を大人だけが占有しているのはもったないとも思う。このようなことに着目して，幼児がコンピュータをとおして何を学習することが可能なのか，コンピュータと遊ぶことによって，どのような能力を伸ばすことが可能なのかを，それぞれの専門的な立場から実験的に研究を続けてきている。

　このような立場で研究を行ない，1994（平成6）年の日本保育学会で，自主シンポジウム「幼児とコンピュータ研究」を行なった。そのときの批判的な，しかし解決しなければならない意見をまとめると次のようなものであった。

①幼児がコンピュータで遊ぶと目が悪くなる。

②なぜ幼児にコンピュータが必要なのか。幼児期にはヴァーチャルな体験ではなく，実物による体験が必要だ。幼児はコンピュータで遊ぶよりも，森の中に連れて行き自然体験をさせるべきだ。

③幼稚園にコンピュータを設置すると，コンピュータだけで遊び，園庭で遊ばなくなる。

④幼児期にコンピュータで遊ぶと，幼児期に必要な友だちと遊ぶことが少なくなり，人生でくり返し何回も形成しなければならない人間関係の形成能力が低くなる。その結果，コンピュータとしか遊べなくなる。

　コンピュータ遊びの導入の際には，おそらくだれもが思い浮かべるであろう意見であるが，ここではそのなかでも③に焦点を当てた実験をして，そこにど

のような事実があるのかを解明していきたい。

(2) 目的

幼稚園にコンピュータを設置すると，コンピュータ遊びに夢中になり，園庭で遊ばなくなるという③の仮説について，平成11年度（1999）から3年間にわたり「コンピュータを取り入れた幼児カリキュラムの開発と実践」のテーマに基づいた研究の一環として，共同研究幼稚園における，遊びの場所について明らかにする。

(3) 方法

調査方法：自由保育時間中の9時半に幼稚園の中のどこの場所に何人の園児が遊んでいるかをVTRに録画してカウントする。

幼稚園の概況：半田幼稚園。教諭4名，用務員1名。園児72名（男児29名，女児43名）

調査年月日VTR録画日：2000年5月23日〜2001年1月15日間で15回

(4) 結果

上記の方法によって録画したVTRの9時半ごろの園児の人数をカウントし，そのうちの4回を表5-1に示す。園の配置図には人数分の黒丸を打って図5-1に示す。

表5-1と図5-1からは，ホール内のiMacコンピュータで遊んでいる子ども達は17.0％である。ホール内でコンピュータに関係なく遊んでいる子どもは17.2％，入り口で遊んでいる子どもを入れると29.8％である。保育室内では10.9％である。運動場では37.4％遊んでいる。このバランスはとてもよいと思う。コンピュータで遊べるようになったからといって，子ども達はコンピュータだけで遊ぶのではないことがわかる。

この結果から，バランスよく遊べる環境については次のような条件があると推定される。

1．遊びを選択できる自由があること
2．コンピュータ遊びの魅力と，他の遊びの魅力のバランスがとれているこ

●● 5章 ●● 自由遊びの選択について

と
3．子どもたちのなかに社会性が発達していて，ゆずりあえる雰囲気があること
4．1人の子どもがコンピュータを独占しても他の器械で遊べる環境をつくっていること

（倉戸幸枝）

表5-1　園児の遊び場所（9時30分ころ）

子どもの遊び場所	ホール コンピュータ設置			ホール内	ホール内ままごと	ホール入り口	廊下	保育室			運動場				
	iMacピンク	iMacタンジェリン	iMacブルー	iMacグリーン					4歳児19人	4歳児20人	5歳児30人	砂場	広場	滑り台・ブランコ	ジャングルジム	竹馬・乗り物	ウサギ・小動物
5/23	2	3	1	5	2	5	9	0	2	4	2	10	3	7	4	6	4
6/5	4	3	2	4	4	4	8	6	0	6	0	2	8	5	0	4	5
6/12	2	2	1	3	5	5	12	3	3	3	3	5	6	2	0	6	5
11/7	2	2	4	3	13	8	4	3	3	0	2	3	4	2	4	2
平均		11.3人			19.8		3.3		7.3			24.8				
%		17.0%			29.8		4.9		10.9			37.4				

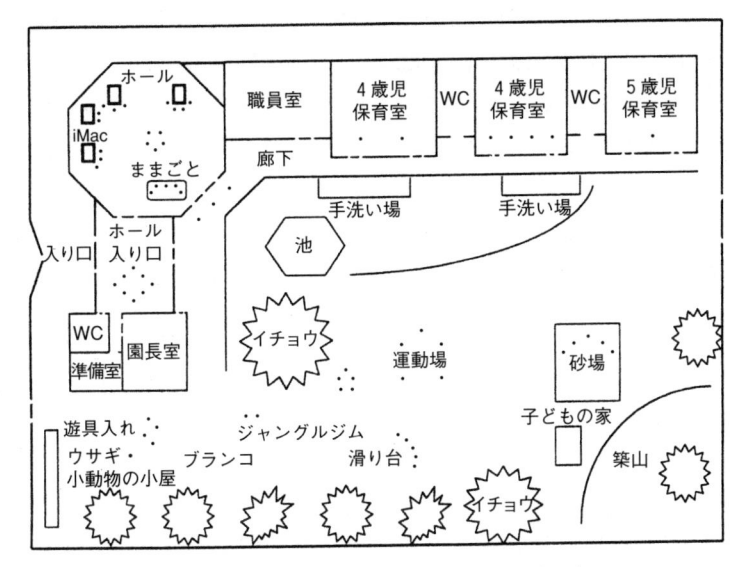

図5-1　幼稚園見取り図　・印は子どもを表わす

I部　コンピュータは幼児教育現場でどう受け入れられているか

6章　実践園の保護者の意識の変化

　ここでは保護者に実施した質問紙調査と保護者からのお便りに基づいて実践園で保護者のコンピュータに対する意識がどのように変化してきたかをみることにする。

1　コンピュータで遊ぶことに対する保護者の意識

　家庭で子どもがコンピュータとどのようにふれ合っているのか，保護者はコンピュータにどのようなイメージをもっているのか，幼児教育とコンピュータはどのような関係にあればよいかなどについての意見を知るために質問紙調査を実践園にコンピュータを設置する前の2000（平成12）年1月に実施した。

　在園している園児72名（男児29名，女児43名）の保護者を対象としたもので質問紙の回収率は81.9％（男児23名，女児36名）であった。記入者は父親が39.7％，母親が58.6％，未記入が1.7％であった。

　図6-1は記入者自身がコンピュータを使用したことがあるかどうかについてたずねた結果である。コンピュータを使ったことがあるという保護者は80％，使ったことがない保護者は20％であった。

　コンピュータ使用経験者の使用理由と割合を図6-2に，コンピュータ使用経験のない人の理由と割合を図6-3に示した。コンピュータ使用経験者の理由は，「仕事」が最も高く53％，次いで「趣味」が34％であった。

　コンピュータ使用経験のない保護者の理由は，「時間がない」というものが最も高

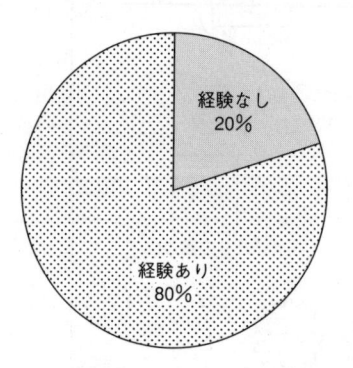

図6-1　保護者のコンピュータ使用経験
　　　　（2000年1月）

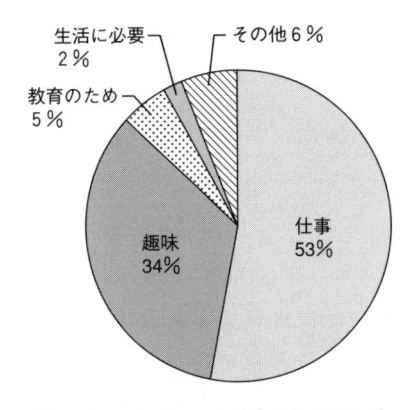

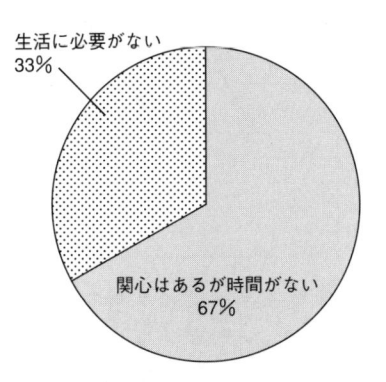

図6-2 コンピュータ使用理由（経験者）
（2000年1月）

図6-3 コンピュータ経験のない理由
（2000年1月）

く67％で，「生活に必要がない」が33％であった。

　コンピュータが保護者の生活のなかにどのように位置づけられるかによってその経験は違ってくることが推測される。仕事上の必要に迫られてコンピュータを使い始めるのかもしれない。

　図6-4から図6-7はそれぞれの項目について「たいへんあてはまる」を「5」とし，「まったくあてはまらない」を「1」として保護者が評定したものの平均値をグラフにしたものである。

　図6-4は，コンピュータをいろいろな言葉からイメージするとどのようなものになるかをコンピュータ使用経験の有無別に示したものである。コンピュータを使っている保護者と使っていない保護者でコンピュータのイメージには差がなく，かつ平均評定値が4以上，すなわち，「だいたいあてはまる」以上だったものは，「機械的」「賢い」「速い」「能率的」「便利な」「奥深い」「複雑な」「正確な」「多様な」の9項目であった。コンピュータは，人間よりもある意味で賢く，仕事が速くできるので，能率的で正確で便利な機械であり，使い方によって奥深く，複雑で，多様な操作ができるというイメージであろうか。

　コンピュータを使っている保護者と使っていない保護者でコンピュータのイメージに差があった項目は，「新鮮な」（$F_{1,54}=4.215$, $p<0.05$），「融通がきかない」（$F_{1,54}=5.033$, $p<0.05$），「冷たい」（$F_{1,54}=3.167$, $p<0.10$），「気軽に」（$F_{1,54}=3.077$, $p<0.10$），「道具」（$F_{1,53}=3.429$, $p<0.10$）の5つであった。つまり，

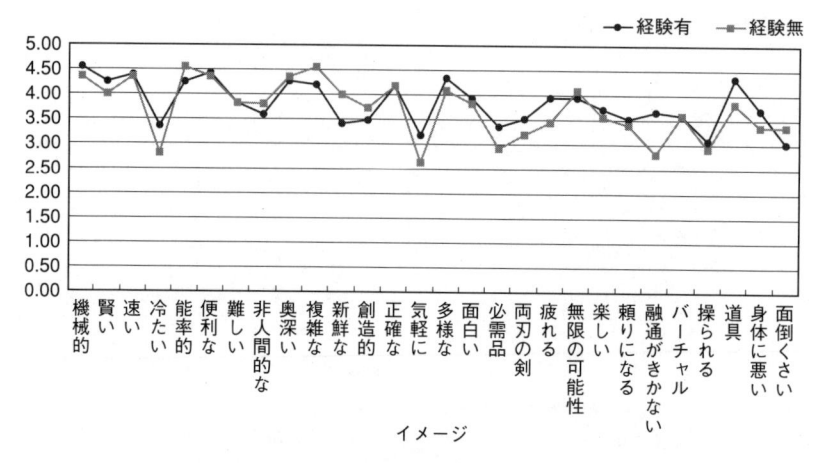

I部　コンピュータは幼児教育現場でどう受け入れられているか

```
                                                            ●─経験有  ■─経験無
5.00
4.50
4.00
3.50
3.00
2.50
2.00
1.50
1.00
0.50
0.00
    機 賢 速 冷 能 便 難 非 奥 複 新 創 正 気 多 面 必 両 疲 無 楽 頼 融 バ 操 道 身 面
    械 い い た 率 利 し 人 深 雑 鮮 造 確 軽 様 白 需 刃 れ 限 し り 通 ー ら 具 体 倒
    的     い 的 な い 間   い な 的 な に な い 品 の る の い に が チ れ     に く
              な   的       な   な   扱   剣   可   な き ャ る     悪 さ
                  な         な         う       能   る か ル         い い
                                        こ       性     な
                                        と              い
                               イメージ
```

図6-4　コンピュータ使用経験別イメージ（2000年1月）

　コンピュータを使っている保護者は使っていない保護者に比べて，コンピュータは「冷たい」もので，「新鮮な」ものでもなく，「気軽に」扱うことはできるが，「融通のきかない」「道具」であるとイメージしているようだ。

　ここから推測できることは，コンピュータを使ったことのない保護者はコンピュータに対して扱うことができれば何でもできるというイメージをもっているのではないだろうか。

　図6-5は，幼児教育にコンピュータを導入することについての意識をコンピュータ使用経験別に示したものである。

　コンピュータ使用経験の有無にかかわらず，評定平均値が高い項目は，10項目中「自然の中で遊ぶべき」と「保育者が使用するのはよい」の2項目であった。コンピュータにふれる時間があれば，その時間を外遊びに使ってほしいということであろう。コンピュータについては先の図6-4のようなイメージがあるので，保育者が仕事に使うのであれば幼稚園にも必要であろうという意味に解釈できる。

　コンピュータ使用経験によって違いのあった項目は，「家庭で個別ならよい」（$F_{1,5}=3.39, p<0.05$）であった。評定平均値は両者とも高くないが，コンピュータを使っている保護者はコンピュータを使っていない保護者に比べて家庭で個

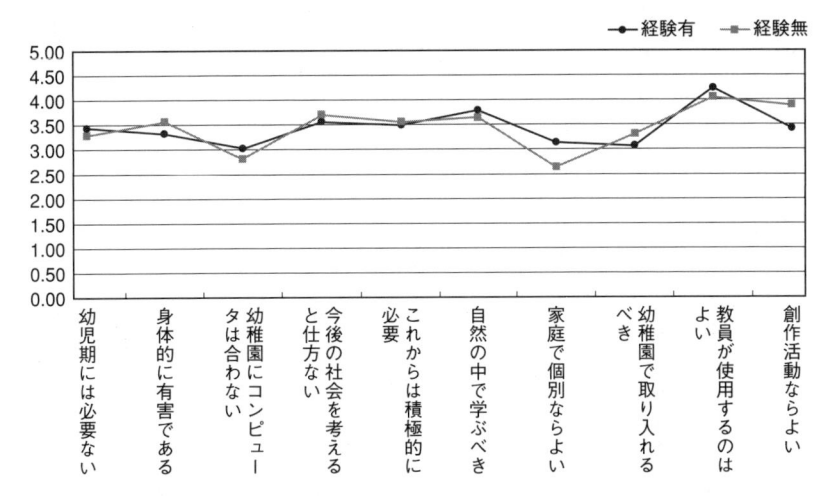

●● 6章 ●● 実践園の保護者の意識の変化

```
                            ─◆─ 経験有    ─■─ 経験無
5.00
4.50
4.00
3.50
3.00
2.50
2.00
1.50
1.00
0.50
0.00
    幼   身   幼   今   こ   自   家   幼   教   創
    児   体   稚   後   れ   然   庭   稚   員   作
    期   的   園   の   か   の   で   園   が   活
    に   に   に   社   ら   中   個   で   使   動
    は   有   コ   会   は   で   別   取   用   な
    必   害   ン   を   積   学   な   り   す   ら
    要   で   ピ   考   極   ぶ   ら   入   る   よ
    な   あ   ュ   え   的   べ   よ   れ   の   い
    い   る   ー   る   に   き   い   る   は
                タ   と   必       べ   よ
                は   仕   要       き   い
                合   方
                わ   な
                な   い
                い
```

図6−5　コンピュータ使用経験別幼児教育へのコンピュータ導入への意識（2000年1月）

別に使うのであればよいという意見をもっているようである。家庭であれば，保護者が指導監督できるからという意図があるのかもしれない。

　図6−6は，幼稚園でコンピュータを利用する方法についての意見をコンピュータの使用経験別に示したものである。

　コンピュータ使用経験に関係なく評定平均値の高い項目は，10項目中「時間を決めて使わせる」「他の幼稚園等との交流に」の2項目であった。前者についてはコンピュータを使うというイメージが「TV視聴」や「TVゲーム」と連続するものと想定すれば，放っておけばやり続けると考えているからであろう。また，後者についてはコンピュータが「コミュニケーションツール」として使用できるということが知られるようになったからではないだろうか。

　コンピュータの使用経験によって違いのあった項目は，「使い方を教える」（$F_{1,5}=3.499$, $p<0.05$）というもので，使用経験のない保護者はコンピュータの使い方を教えてほしいという意見が使用経験者よりも強かった。

　図6−7は，自分の子どもがコンピュータに接することに対する意見をコンピュータの使用経験別に示したものである。

　コンピュータの使用経験の有無にかかわらず，だいたいあてはまる考えている項目は「目が悪くなる」であった。これは，従来からTV視聴と視力低下に

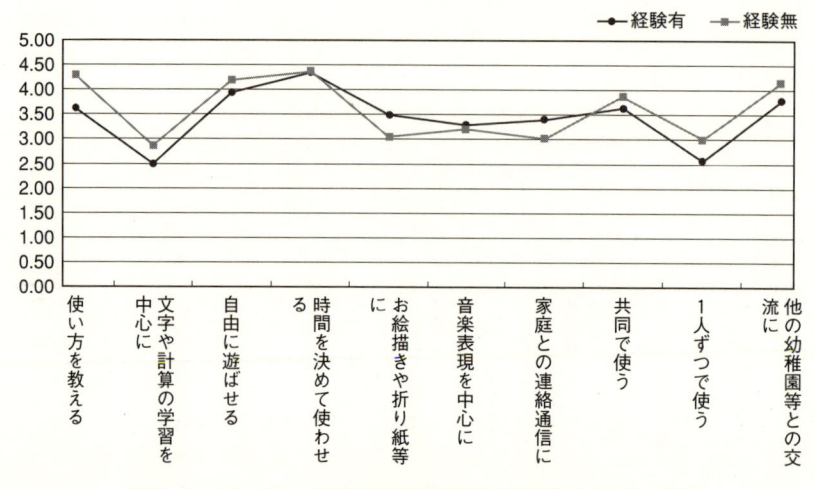

Ⅰ部　コンピュータは幼児教育現場でどう受け入れられているか

図6-6　コンピュータ使用経験別幼稚園での利用法（2000年1月）

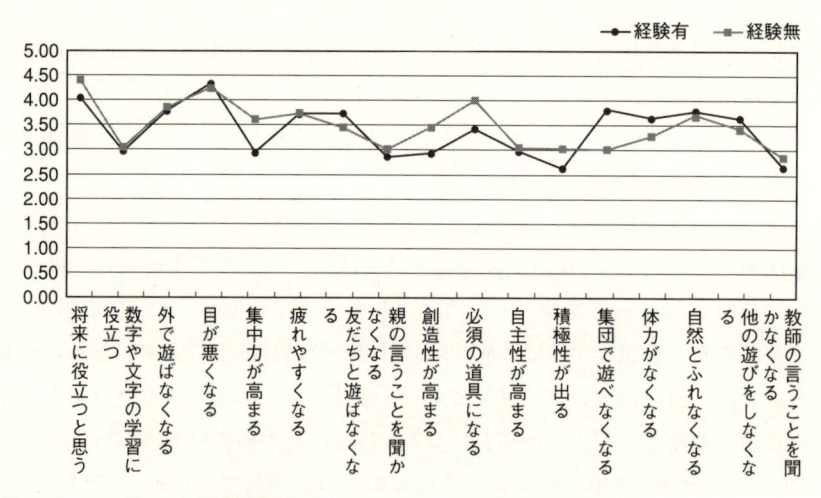

図6-7　コンピュータ使用経験別子どもがコンピュータに接することについての考え（2000年1月）

因果関係があると言われていること，およびコンピュータ画面を見ることがテレビ画面を見ることと類似していることと関係していると思われる。

コンピュータ使用経験によって違いのあった項目は，「集中力が高まる」（$F_{1,53}=5.003$, $p<0.05$），「創造性が高まる」（$F_{1,53}=4.242$, $p<0.05$），「積極性が出

る」($F_{1,53}==5.441, p<0.05$),「集団で遊べなくなる」($F_{1,53}==4.631, p<0.05$),「必須の道具になる」($F_{1,53}==3.33, p<0.10$) の5項目であった。コンピュータを使っていない保護者はコンピュータを使うことによって子どもの集中力,創造性,積極性が高まると考えているようである。それに対して,コンピュータを使っている保護者は,自分の経験からかコンピュータを使うことで他の人との接触が減り,コンピュータと自分の世界に入り込んでしまうことにより集団で遊ぶことはむずかしくなるととらえているようである。

2 ●●● 保護者からのお便りによる分析

　質問紙調査は幼稚園にコンピュータを設置する前であった2000(平成12)年1月に実施したものであった。コンピュータを幼稚園に設置し,子ども達とコンピュータとのふれ合いが始まり,そのことが子ども達の言葉をとおして保護者に伝えられていき,その子ども達の言葉を受けて,保護者たちのコンピュータに対する意識は変化していくと考え,その変化が表われていると思われるお便りをひろい出してみた。とくに保護者の意識が表われている部分は下線で示した。

(1) 2000年度
　コンピュータは2000(平成12)年5月9日から幼稚園の多目的ホールに設置した。保護者は,子どもを幼稚園へ送迎する際,実際にコンピュータを見たり,子どもが帰宅後に話したことからさまざまな思いを記している。内容をいくつかに分類して日付順に示した。

1　コンピュータに対する保護者の不安,疑問,驚き
　幼稚園にパソコンが置いてあることに対する驚き,自分の子どもはどうするのだろうかというような疑問,自分がコンピュータの世界から取り残されるのではないだろうかという不安,そしてそれらの思いとともに子どもがコンピュータに興味をもちだしたらいっしょに勉強しようなどというコンピュータに対する意欲も示されている。

> **保護者からのお便り―1（2000, 5, 17）**
>
> 　今日，送迎当番で幼稚園に行くと玄関ホールのところにパソコンが置いてあったのにはびっくりしました。あれはiMacなのでしょうか。園児がキーボードとマウスを使ってじょうずに画面のキャラクターを動かしていました。わが家にもパソコンはあるのですが，主人しか使えません。「壊したらあかんから」と言って，さわったらいけないことになっています。ゲームも家にはありません。私も今どきめずらしくまったくしたことがありません。という環境だからなのか，A子はパソコンに目もくれず工作コーナーで絵をかいていました。
> 　A子がパソコンに興味をもつのはいつでしょうか。そのときいっしょに勉強しようかなと思います。

> **保護者からのお便り―2（2000, 5, 24）**
>
> 　昨日は，いろいろとすみませんでした。
> 　今日ズボンを持って帰ってきて「これって」きれいにしていただきましてありがとうございました。
> 　今日はパソコンでも遊んだらしく楽しかったみたいです。スケルトンのかわいいパソコンですね。「ひまわりの種が芽を出してるんやでえ。めっちゃ早く出たワ」と言ってました。

> **保護者からのお便り―3（2000, 5, 29）**
>
> 　トライやるのお姉さんたちのことがよく話にでてきます。玉入れ？　女の子チームが勝ってとてもうれしかったようです。このごろコンピュータに夢中でコンピュータばっかりしているらしく，といっても自分はよくできないので見ているそうですが……それでも楽しいらしくゲームの話を教えてくれますが，わかりやすくいろいろな説明（「一生懸命あれもこれも見たものすべ

て 考えたことも順番もばらばらの説明です」)をするので,「?」なのですがとにかくうなずいて聞いています。

保護者からのお便り―4 （2000,6,5）

毎日,コンピュータをして遊んでいると言ってました。

保護者からのお便り―5 （2000,6,13）

　B男に何して遊ぶのが好き？　ときくとやはり積み木・汽車と言っていました。それからコンピュータも気に入っているようです。
　私も当番の時にちょっと見せてもらいましたが,すごいですね。
　家でも,「あんなのがでてきて　こんなのがでてきて」といろいろと教えてくれました。

保護者からのお便り―6 （2000,6,27）

今日はコンピュータで4（フォー）までいったと言ってました。
家でも時どきお父さんとコンピュータで遊んでいます。

保護者からのお便り―7 （2000,6,27）

　子ども「パソコンで4までいけるんやでえ」
　私「そうなんやねえー。きれいな画面やし,ハチがとんできたらほんまにこわいなあ」今の子どもはいろいろなことが小さいときからできていいですねえ……

> **保護者からのお便り―8 (2000,9,8)**
>
> 　今日は「"パルとプルル"の風船の手紙がきた」と興奮して教えてくれました。「コンピュータのなかにポストがあるんや！」「ふうん……？」「デジカメ係がおってな……」「え，でじかめ……？」子ども達はどんどんパソコンの世界になじんでいくのにこっちは全然ついていけなくて，アセッてしまいます。子ども達にパソコンを教えてもらう日が冗談じゃなく，本当に来そうだなーと，つくづく感じました。

2　CDに対する疑問とその解消

　ファンタジーランドからの贈り物として風船にCDをつけ，子どもがそれを見つけるという設定にしていたが，保護者は子どもの話からだけで判断していたので，いろいろな疑問がお便りのなかに表われている。そのたびに，担任教諭がお便りに返事をすることで少しずつ疑問が解消していったことが感じられる。

　2学期後半になると子どもの話の内容や実際の行動からコンピュータが単なるゲーム機ではなく，計算や文字を教える機械でもなく，別の利用方法についての考えが保護者に理解されたようであり，実践園で利用しているようなやり方で子どものイメージの力が成長することを実感されたようである。

> **保護者からのお便り―9 (2000,5,23)**
>
> 　おばあちゃんは"今どきの若いお母さんより体力に自信がある"と言っておられるほど元気です。長縄もひっかけずとべたようです。
> 　今日は，風船でCDが飛んできたー！　と話してくれました。くわしいことは言わないのですが……。
> 　とっても暑くて，私が帰るころまで水遊びをしていました。靴を何足もぬらしてしまったようです。

保護者からのお便り―10（2000, 5 ,25）

「なかよし広場から帰ってきたら風船が木に結んであったんやー」と不思議そうに話していました。私も何のことを言っているのかちょっと理解できませんでしたが，なんとなく話がみえてきました。

保護者からのお便り―11（2000, 5 ,29）

今日からまた，トライやるウィークが始まりますね。今年も男の子たちがたくさん来るといいですね。子ども達も待っているのですね。楽しみにしていますもの……

この間，子ども達が TV ゲームをみんなで楽しんでいるのをうしろから，いろいろ子ども達に説明を受けながら見ていました。すごいですね。わが家にはパソコンがありません。なので見ていてもチンプン・カンプンですが，子ども達はすごいですよね。私も勉強したいと思っているのですが，ついていけるか……心配です！

担任の返事

トライやるウィークで半田幼にも，6人のお姉さんが来ました。なんとなくみんなもウキウキ。クラスに2人のお姉さんが入っています。みんなというか，何人かはうれしくていすとおしりが離れています。

多目的ホールにあるコンピュータは，"コンピュータ"という感じでなく，外見（観）もかわいいので，本当に子ども達にとっておもちゃのひとつのようです。

先日，風船がCDを運んできてくれました（夢を与えてくれたら……とそういう設定にしています。これは子ども達には内緒）。CDのなかからはいろいろな生き物が出てきました。

保護者からのお便り―12（2000,6,2）

風船のCDは季節はずれのサンタさんですか？「袋でぶらさがっとったんやで」とC子は言っております。

担任の返事

C子ちゃん，昨日「初めて風船のCDを入れてできた！」と喜んでいました。風船のCDというのは，先日いちょうの木に届いたものです。画面のどこかをおすとかえるやちょうちょ，テントウムシなどが出てきます。画面に風船がいっぱい出てきて素敵です。

子ども達に夢を運んでもらえたら……とこちらが設定したものなんです（内緒です。子ども達には）。風船が届けてくれたら，子ども達も喜ぶかなっと……。

保護者からのお便り―13（2000,9,7）

昨日はだいぶん疲れたのか夕食で席について食べずに寝てしまいました。結局朝まで目覚めませんでした。今朝はシャワーをあびて行きました。

ファンタジーランドからお手紙が3通，きくぐみ，ゆりぐみ，うめぐみさんに来ていたことを教えてくれました。朝みんなが騒いでいたのがそうだったのですね。運動会の練習やパレードの練習と忙しいなかでの裏方作業？ありがとうございました。

保護者からのお便り―14（2000,11,7）

この間，パルとプルルからCDや手裏剣が届いていて子ども達大喜びでしたね。お姉さんたちも来られていて楽しそうでしたね。

> **保護者からのお便り──15（2000,11,9）**
>
> 昨日，あらしの曲を歌っていたので「D男ちゃん，何で知っとん。先生に教えてもらったん？」と聞くとCDで見たと話してくれました。すぐに合奏していろいろな楽器を楽しむなんてCDの影響ってすごいですね。みんなCDを見るのも合奏をするのも大好きですね。

> **保護者からのお便り──16（2000,12,6）**
>
> この間，「パルとプルルって何やろ。リスとウサギ（？）かな」と言っていました。
> 姿の見えない人物（？）に興味をもち，コンピュータを楽しんでいるようです。

（2）2001年度

　幼稚園にコンピュータが入って2年めになり，子どもも保護者もコンピュータのあることがあたりまえという状態になっていったようである。
　また，5月29日には，読売テレビ「ニューススクランブル」でこのようすが放映された。
　子ども達が興味をもっていることに結びついたプログラム内容がCDに入っているため，子ども達は現実の世界とコンピュータの世界を自由に行き来しているようであった。その状況のなか，現実の世界で新しい自分に挑戦する力がわいてきたようであった。そのような内容の保護者のお便りを日付順に示した。

1　「自然」のCDが送られてきた後

> **保護者からのお便り──17（2001,5,20）**
>
> 最近一段と虫に興味をもってきて，プラスチックの空容器にダンゴムシや

テントウムシを入れて飼育というより監禁（軟禁ぐらいかな？）状態。その過酷な条件にもかかわらず，テントウムシが卵を産みつけていました。発見したときは大喜び。カップについている卵だけ残してあとは庭のアブラムシのついているお花のところにはなしてやりました。幼稚園の畑にいたもん白（もん黄？）蝶の幼虫は飼育ケースで育っています。ふたのほうにくっついてあまり動かなくなってきました。さなぎになるのかなあ。虫たちの誕生が待ち遠しい今日このごろです。

保護者からのお便り―18（2001,5,31)

　パルとプルルは何だろうね！！
　たしかに宇宙人！！とも言っていました。夢がある，世界が広がるって感じがしました。
　カエルがピョンピョン！！と家のまわりを飛んでは，ゲロッゲロッ！！ですよ！！　私はカエルがもうひとつ好きじゃないんです。あの「ねちゃ！！」とした肌が気持ち悪いです。しかし，E子はカエルをさわり捕まえてきます。外からあみ戸にペターンとはりつけてくれます。

2　TVに半田幼稚園が放映された後

保護者からのお便り―19（2001,5,29)

　テレビ見ましたよ。ビデオにとって"あっ，F子見つけた""あっ，だれだれちゃんや！"なんて，大騒ぎでした。テレビで拝見して，パルとプルルのことがよくわかり，いい機会になりました。子ども達のステキな笑顔，印象的でした。いい体験をさせてもらっているんだなあと思いました。

> **保護者からのお便り―20（2001,5,29）**
>
> 昨日の TV ニュースを見ました。ビデオにもとって保存版にしたいと思います。子どもといっしょに見ていたのですが，自分が映っているかどうか，だれが映っているかを確かめるのに必死だったので，パルとプルルの正体がバレるんじゃないかとヒヤヒヤしていたのですが，内容までわかっていなかったようで安心しました。パルとプルルからのお便りがきたときの子どもの喜びようはすごいものがありますね。あんなに必死になって，風船を取りに行ったり，パソコンの画面にくいいるように見いっている子ども達を見て，いつまでも純粋な気持ち（パルとプルルを何の疑いもなく受け入れる）をもっていてほしいなと思いました。

3 水遊びの CD が送られた後

> **保護者からのお便り―21（2001,8,23）**
>
> びっくりしました。この夏，G子のプールに入っているのを見たことがなかったので，いっぱい，いっぱいほめてあげました。そして，泳げるようにまでなれて，目まで開けられるようになったなんて，わが子ながら「すごいがんばったなあー」と思いました。G子もとっても嬉しかったみたいです。私もとても嬉しく思います。プール終わりの会に見にいってあげられないのがとてもかわいそうで私も残念です。幼稚園にいく前にいっぱい応援します。

4 運動遊びの CD が送られた後

> **保護者からのお便り―22（2001,10,15）**
>
> 跳び箱5段，竹馬70歩歩けたようですね。すごいすごいびっくりしました。毎日一生懸命頑張っているようで，私もとても嬉しいです。家のほうでも，この前の休みに壊れていた竹馬を修理して使えるようにしたので今日も

> さっそく練習していました。練習していることが少しずつ成果として表われてきているのが嬉しくて楽しくてしようがないといった感じです。これからもたくさんたくさん"できた！ やった！"を味わってほしいと思います。

3 ●●● 質問紙の結果とお便りをふり返って

　実践園にコンピュータを設置する前の保護者の意識をまとめると次の4つにまとめられる。まず，子どもがコンピュータのヴァーチャルリアリティ（仮想現実）の世界に入り込んでしまい，現実世界とのバランスがとれなくなるのではないかという不安，コンピュータを操作し続けることで，外で遊ばなくなったり，視力が低下したりといった体に悪い影響があるのではないかという不安，コンピュータに親和的になりすぎて人間関係がうまく育たないのではという不安，最後に成長すれば使用する可能性の高いコンピュータという道具に幼児期からふれる必要性があるのかという疑問であった。

　子ども達は2年間のコンピュータとのふれ合いのなかで「パルとプルル」の世界を生き生きとした表現で保護者に伝え，その楽しさが保護者にも伝わっていったといえる。

　そして，2年めのコンピュータでの小動物との遊び，水遊び，運動遊び（ヴァーチャルリアリティ）の助けもあって子ども達は現実世界の小動物と自然にふれあったり，プールで目を開けて泳げるようになったり，跳び箱を跳べるようになったり，竹馬ができるようになったのかもしれない。保護者は実際の子どもの変化した姿を目にし，子ども達が自然にコンピュータとふれ合うようすを感じ，なによりも子どものすてきな笑顔，嬉しそうな姿，がんばる姿をまのあたりにすることで先に述べた不安と疑問は徐々に少なくなっていったように思える。

　実践園でのコンピュータは，子ども達にとって積み木や絵本といった遊具と同じような意味をもつたんなる道具であったといえる。コンピュータがもつ可能性と危険性を，そして，子どもの発達の姿を十分理解した人間がうまく操作

することによって，子ども達の無限の可能性をうまく引き出す道具としてコンピュータは幼児教育においても利用できるといえよう。

（山本真由美）

II 部

ソフトウェアの開発

Ⅱ部　ソフトウェアの開発

1章　コンピュータを取り入れた保育環境の構築

　本章では,「コンピュータを取り入れた保育の環境はどのようにあるべきか」,そして,半田幼稚園では実際にどのような環境が構成されているかを中心に述べることにする。

　コンピュータを保育のなかで使う場合,コンピュータという道具のもっている特徴をしっかり把握することが重要になってくる。ここではまず,コンピュータがどのような道具であるのかを考えてみよう。

1●●● コンピュータはどんな道具？

　いろいろな諸説があるが,世界で一番最初につくられたコンピュータは,1940年代につくられたエニアック(ENIAC)であるといわれることが多い。エニアックは,大砲の弾道を正確に計算するために開発されたようである。しかし,その後,ノイマン(Neumann, J. V.)がプログラム内蔵方式という,コンピュータにさせたい一連の手続き(プログラム)をあらかじめ書いておいて,それをコンピュータに実行させるという方式を考えだした(1946)。このことが,その後のコンピュータの姿をまったく変えてしまうことになるのである。それ以後,コンピュータは,従来の道具とはまったく違った,新しい種類の道具(ツール)としての道を歩みだした。

　従来,人間はある目的や願いを達するために道具をつくってきた。言い換えれば,道具には,必ずその道具がもっている特別な目的がある。たとえば「物をきれいに切る」という目的や願いを実現させるために,ハサミという道具がつくられた。「早く移動したい」という願いのもとに,自転車,車,電車,そして飛行機等,多くの移動を目的とする道具がつくられてきた。このようにほとんどの道具には,決まった特定の目的が存在する。たしかに,最初のコンピュータであるエニアックは大砲の弾の軌跡を計算するための道具だったかもし

れない。しかしノイマンがプログラム内蔵方式を考えだして以来，コンピュータはその道具的特性をまったく変えることになったのである。コンピュータは，いろいろな種類の道具に変化することができる道具になった。

　コンピュータをどのような道具にするかは，コンピュータを利用する人が決めることになる。たとえば，コンピュータを使って，文章を書いたり，編集しようとした場合，コンピュータはワードプロセッサの機能をもった文を構成する道具になる。コンピュータで絵を描こうとした場合，コンピュータグラフィックスの道具になる。曲をつくりたい場合は，作曲のための道具であるシーケンサになる。使う者のアイディアしだいでコンピュータは，いろいろな道具に姿を変えるのである。しかし，「コンピュータをどのような道具にするかは，コンピュータを利用する者が決める」ということは，言い換えるならば「コンピュータを使うためには，コンピュータを使う者がどのような道具にするかを考えなくてはならない」ことになる。従来の道具は使用目的が決まっているが，コンピュータは使用する者がどのように使うかをしっかり考えることが重要になってくるのである。

　柔軟なアイディアしだいで，他の人では想像もできないすばらしい道具にもなることもできる。しかし，すべての道具がそうであるように，道具を使えば必ずすばらしい効果が期待できるというわけではない。道具は使い方によって，非常にまずい結果になる可能性ももっている。コンピュータもまったく同じ特性をもっているといえる。

　コンピュータを使った保育を行なった場合，すばらしい結果が生まれようとまずい結果になろうと，コンピュータという道具にだけその原因を求めるのではなく，その環境を構築した者が総合的な視点から形成的な評価を行ない，明日の保育に活かしていくことがたいせつである。とくに，コンピュータのもつこの特殊な特性は，コンピュータを保育の場で利用するときには，十分に配慮しなければならない。「コンピュータをどのような目的で使用するのか」「コンピュータを使うことで何を期待するのか」「どのような環境のもとで，最大の効果をあげることができるのか」等の位置づけを明確にするため，十分なディスカッションをしなければならない。ただたんに，コンピュータを保育環境のひとつとして保育室等に設置しても，期待できる教育効果は少ないといえる。

Ⅱ部　ソフトウェアの開発

　幼児教育へのコンピュータ利用を研究しているハウグランドとライト[1] (Susan W. Haugland & June L. Wright) は，コンピュータをどのような道具として利用するかが，大きな課題であることを「コンピュータが幼児期の子ども達を奪ってしまうかどうかは，コンピュータが利用される方法によるものである」と表現している。

　十分に考慮された保育環境，子ども達の発達に適した使い方，そして，保育者のすばらしい柔軟なアイディア，さらに保育者によって作成された保育計画に適したソフトウェアがそろったときに，コンピュータはすばらしい可能性を示してくれるのである。

2　アメリカにおける考え方

　ではここで，コンピュータを保育環境に取り入れた研究を早くから積み重ねているアメリカの考え方について少しながめてみることにしよう。NAEYC (National Association for the Education of Young Children：全米幼児教育学会) は，幼児教育をさまざまな視点から研究している。NAEYC は「コンピュータは，子ども達に有益な発達上適切な方法で使用することができるが，他の道具がそうであるようにまちがった利用方法でも使用することができる[2]」と述べ，コンピュータのもつ2つの側面を理解することが重要であると指摘している。さらに NAEYC はテクノロジーという言葉を，コンピュータを主とするさまざまなテクノロジー（科学技術）が統合されたものであると定義し，「幼児教育者は，子ども達へのテクノロジーの影響を入念に調べて，そして子ども達に役立つようにテクノロジーを使う準備をしておく責任をもっている」と，保育関係者の責任を明らかにしている。

　本書では，紙面の関係から詳しく述べることはできないが，NAEYC は，「テクノロジーと3～8歳の子ども達（Technology and Young Children Ages 3 through 8）」と題するガイドラインを出している。そのなかで，以下の項目についてくわしく述べている。

　1．テクノロジーが適切に使用されているかどうかを評価する保育者の役目が不可欠である。

2．幼児プログラムのなかに適切に使用された場合にのみ，テクノロジーの潜在的能力が現われる。
3．適切なテクノロジーは，通常の学び環境に統合され，子ども達の学びをサポートする選択肢のひとつである。
4．すべての子ども達と保護者が平等にテクノロジーが使用できるように促進する。
5．テクノロジーを使う場合，個々の子どもの多様性を無視しないこと，そしてソフトウェアの暴力性を排除する。
6．保護者と保育者が協力することが重要である。
7．テクノロジーの適切な使用は，幼児教育専門家の人材育成に多くの意味をもっている。

3 ●●● 保育環境のなかのコンピュータ

　筆者はコンピュータが特別な能力を有する秀でた保育ツールであるという認識はもっていない。従来の保育のなかで使われてきた数多く存在する保育ツールと同様の，たんなる保育ツールのひとつだと考えている。そのため，コンピュータを従来から使われてきた保育ツールや，保育活動に置き換えるのではなく，むしろ典型的な保育ツールとどのような協同作業が可能であるかを探り，新しい保育環境の可能性を求める姿勢が重要であると考えている。
　さて，コンピュータを「保育活動を促進するツール」として位置づけた場合，コンピュータを含めた環境構成は重要な課題となってくる。前述のNAEYCは，「子どもの学び環境は，健全な発達上の理論に基づいてデザインされるべきである。それらは，子ども独自のもつユニークな本質を反映するべきである」。また，「重要なことは，どのようにコンピュータが利用され，どのような種類のソフトウェアを子ども達が探究活動のなかで使用するかということである」と述べ，子ども達に提供する環境の重要性とコンピュータソフトウェアの関連性を強調している。シーモア・パパート[3]（Papert, S）は，コンピュータの発見指向のインタラクション（相互作用）は，子ども達の学びを拡張するとし，この発見的コンピュータ環境を「マイクロワールド（microworlds）」と名づ

けている。このようにコンピュータを保育活動のなかで利用する場合，そこに構築される環境の質が，保育活動への重要な要因となってくる。

では，半田幼稚園では，どのようにコンピュータをとらえ，どのような特徴をもった保育環境をつくっているかについてみていくことにする。

(1) カリキュラムに統合されたコンピュータ遊び

筆者の考え方と同じように，半田幼稚園でもコンピュータは，今までに保育活動に使われてきたその他の多くの保育の道具と同じと考えている。子ども達にとって，新しい遊び道具がひとつふえたという考え方である。そのため，今までに使われてきた保育の道具や保育活動に置き換えて，新たにコンピュータ遊びを設定するという考え方はまったくもっていない。むしろ，今まで使ってきた保育の道具とどのように組み合わせることができるか，さらにそれぞれの特徴をうまく引き出すことによって，新たな保育効果を出すことができないかと常に探求している姿がある。

また，半田幼稚園では，ある種の市販ソフトウェア（たとえば，お絵描きのためのソフトウェア）を用意し，コンピュータを独立した遊び道具のひとつとして利用することについてはとくに否定はしない。実際，一般的によく使われている幼児向けのお絵描きソフトが，半田幼稚園のコンピュータのなかには常に準備され，子ども達が好きなときに使えるようにしている。そのときの子ども達の生活や子ども達の興味に合ったソフトウェアと，適切な保育環境がそろえば，すばらしい保育効果を得られると考えている。

しかし半田幼稚園のコンピュータの使い方には，大きな特徴がある。それは従来行なわれてきた保育カリキュラムのなかに，コンピュータを遊びの道具としてうまく統合していることである。このことによって，長期的な展望にたった保育活動を計画し，実施することができるのである。このことによって，どんなにすばらしい保育の効果が生まれてきたかは，別の章で説明されている。もちろんこの場合，コンピュータが従来行なわれてきたカリキュラム内容にとって代わるのではなく，従来のカリキュラムの質を高める形で統合することが重要であるのはいうまでもない。

半田幼稚園では，年間カリキュラムのなかにコンピュータ遊びをどのように

位置づけることができるかについて,ディスカッションを何度となくくり返し,保育活動の質を高めるための利用方法について考察している。そして,年間を通して,年齢,クラスに関係なく半田幼稚園のすべての子ども達が共通のイメージをもち続けることができるように,ストーリー性（文脈）をもったカリキュラムを構成し,そのカリキュラムの流れにコンピュータをうまく統合させている。

(2) ファンタジーとのコラボレーション

マローネとレッパー[4]（Malone, T. W. & Leeper, M. R.）は,前述の「マイクロワールド」のなかで,子ども達の内発的な動機づけを促進するものとして,挑戦（challenge）,好奇心（curiosity）,コントロール（contorol）,ファンタジー（fantasy）の4つの要素を見いだしている。

このなかで,半田幼稚園ではとくにファンタジーの可能性に注目した。4～5歳児の発達段階に注目した場合,ファンタジーは非常に強力な内発的動機づけを与えることができると考えたのである。そこで,ファンタジーランドという場所に住む妖精が飛ばした風船にCDが結びつけられ,半田幼稚園の園庭に届くという設定になっている。このファンタジーランドというのは,半田幼稚園の子ども達のイメージ遊びから生まれたものである。ファンタジーの世界のなかでは,子ども達は何の制約にも縛られず,自分たちの想像力を自由にはたらかせることができる。ファンタジーランドに住む妖精の姿,性別,年齢,大きさ,着ている服等,子ども達一人ひとりが,自由に想像力をはたらかせ,つくり出すことができるのである。その結果,子ども達自身が創造したイメージの世界とのコミュニケーション活動がおおいに活性化されることになったのである。言い換えるならば,子ども達は,ファンタジーとのコラボレーション（協同作業）によって,自分たちの世界を自由に創造する機会を得たのである。そして,このファンタジーとの度重なる相互作用が,結果として幼稚園生活のなかで子ども達が現実に展開している遊びに,ブルーナ[5]（Bruner, J. C.）や,ヴィゴツキー[6]（Vygotsky, L. S.）の述べる「スキャホールディング[*1]（scaffolding）」としてはたらくことになったのである。

(3) 異年齢児との共同使用

　半田幼稚園でのコンピュータは，クラスごとに使用される保育ツールとして位置づけられているのではなく，半田幼稚園の園児全体の遊びを促進するためのツールとしてカリキュラムに統合されていることはすでに述べた。ファンタジーランドから送られたCDは，半田幼稚園児みんなへのプレゼントなのである。そのため，ファンタジーランドから送られてきたCDを見つけたとき，年齢・性別の区別なく，いっしょにファンタジーランドから送られたソフトウェアで遊ぶことになる。このような環境が構築されることによって，年長児の操作を見て，年少児はコンピュータの使い方を学び，年少児が困っている場合は，年長児が援助するという異年齢間のコミュニケーション活動へと発展していった。まさに，年少児にとっては，ヴィゴツキーの述べる「発達の最近接領域（zone of proximal development）」のなかで，年長児のサポートによって認知的な技能を獲得することになるのである。

(4) オープンスペース的な空間の利用

　次に半田幼稚園のコンピュータが置かれている物理的な空間構成について述べることにする。子ども達の遊びを，空間的にも時間的にも制約することを避けるために，半田幼稚園ではコンピュータ4台を多目的ホールの壁に向けて設置している。このように配置することによって，多目的ホールの空間内は，子ども達がいつでも自由に遊び，どのような遊びにも利用できる空間になる。狭い場所にコンピュータを設置することは，安全面からだけでなく，子ども達の遊びの範囲と遊びの種類を制約することにつながる。半田幼稚園のコンピュータの置かれた空間は，自由に走りまわり，ごっこ遊び，楽器遊び，絵を描く等，子ども達が空間を自由に使うことができるオープンスペース的な特徴をもっている。この空間に，半円形の机と長方形の机を組み合わせ，多くの子どもが4台のコンピュータに参加できる環境をつくり出しているのである。

＊1　"scaffolding"は，Bruner[6]によって作成された言葉である。Brunerは，Vygotsky[7]の述べる「発達の最近接領域（ZPD）」の高いレベルで学習者が機能することを可能にさせる援助のタイプを明確にするためにこの言葉をつくり出した。現在，"scaffolding"は，熟練した者が，援助から独立という学習者の移り変わりをどのように援助することができるかを述べるために使っている。

子ども達は，ファンタジーランドから届けられた CD を見つけたとき，だれに指示されるのでもなく，この多目的ホールの空間に置かれたコンピュータで自由に遊ぶことができる。そして自分たちの見つけた情報をこの多目的ホールの広い空間を利用して他の者と情報交換したり，自分たちのコンピュータと他のコンピュータ画面の内容をダイナミックに比較できるようになる。さらに，ファンタジーランドへの思いを体全体で表現したり，絵に描いたり，手紙を書いたりすることも，この空間で同時に行なうことができるのである。

(村上　優)

引用文献

1) Susan W. Haugland & June L. Wright　1997　*Young Children And Technology : A World of Discovery.* New York : Allyn and Bacon.
2) National Association for the Education of Young Children　1996　*A position statement of the National Association for the Education of Young Children Technology and Young Children Ages 3 through 8.*
3) Papert, S.　1980　Computer-based microworlds as incubators for powerful ideas. In R. P. Taylors (Ed.). *The computer in the school : Tutor, tool, tutee,.* New York : Teachers College Press, Columbia University, 203-210.
4) Malone, T. W. & Leeper, M. R.　1985　Making learning fun : A taxonomy of intrinsic motivations for learning. In R. E. Snow and M. J. Farr (Eds.). *Aptitude, learning and instruction : Conative and affective process analysis.* Hillsdale, New Jersey : Erlbaum.
5) Wood, D., Bruner, J. C., & Ross, G.　1976　The role of tutoring in problem solving. *Journal of Child Psychology and Psychiatry,* 17, 89-100.
6) Vygotsky, L. S.　1978　*Mind and society : The development of higher mental processes.* Cambridge, MA : Harvard University Press. (Original work published in 1930, 1933, 1935)

II部　ソフトウェアの開発

2章　ソフトウェアの開発

1 ソフトウエア開発の視点

(1) 保育ソフトウェアとは

　コンピュータをどのように教育で利用するかについて，子ども達の発達に適したコンピュータソフトウェアを選ぶことの重要性は，アメリカにおいても大きな問題になっている。NAEYCは，「発達上適切なソフトウェアは，協同的な遊びと学びの創造の機会を提供する」「発達上適切なソフトウェアは，創造的な遊び，マスタリーラーニング（mastery learning：完全習得学習），問題解決と話し合いに子ども達を引き込む」と述べ，子どもの発達に適したコンピュータソフトウェアを選ぶことの重要性を示している。そして，さらに，「適切なソフトウェアを選択することは，何が年齢的に，そして個にとって適切であるか，さらに，何が文化にとって適切かを判断して，保育者が適切な本を選択することに似ている」とし，発達に適したソフトウェアを選択することが保育者の大きな役割のひとつであるとしている。また，教育ソフトウェアの評価基準を作成した，ハウグランドとライト[1]（Susan W. Haugland & June L. Wright）は，保育者が適切なソフトウェアを選択するときの困難さを，「あまりにも多くの保育者が，彼らの教育のゴールを満たし，教室の子ども達の発達とニーズに一致するプログラムを見つけだすまでに，しばしばフラストレーションを経験するとともに相当な出費を経験する」と述べている。さらに，ソフトウェアを選択するときに重要となる要素を，「解決の鍵は，そのプログラムがもっている教育への考え方，そしてプログラムを使用する子ども達の興味とニーズに一致しているソフトウェアであるかどうかである」と述べ，保育実践に適した保育ソフトウェアを見つけ出すことの困難さを指摘するとともに，保育ソフトウェアは，個々の子ども達の興味とニーズが根底になければならないと強調している。

しかし，市販のソフトウェアを購入して使用する限り，前述したような発達上適切であり，保育者と子どものニーズに合うソフトウェアを探し出すことは，ほとんど不可能に近いことだろう。たとえ市販ソフトウェアのなかの一部に，保育目的に合った内容を見つけだすことができても，市販ソフトウェアが「販売するという目的」をもっている限り，市販ソフトウェアは，可能な限り多くの機能をもつように，そして多くの目的で汎用的に使用できるように作成されている。そうしなければ，売れないからである。ある特定の目的を達成するために，ひとつだけの機能しかもっていないソフトウェアなど，どこを探しても販売されていない。自由競争の社会で販売という運命を担っている市販ソフトウェアの宿命である。その結果，市販ソフトウェアには，ある時期の特定の子ども達の保育には必要のない内容や機能が数多く付随してくる。保育のためのソフトウェアにとって，保育に必要のない付随機能は，子ども達に不要な混乱を与えるだけである。すばらしい保育のためには，必要な時期に，必要な機能だけをもった，その保育環境，その子ども達に特有の保育ソフトウェアが必要となってくる。そして，さらに，子ども達の活動を真に理解し，子ども達の発達に適した内容と，与える時期を把握できるのは，子ども達と常に接して生活している保育者だけなのである。すなわち，市販ソフトでは，発達上適切なソフトウェアとしての条件は，達成できないと私は考えている。保育に必要なソフトウェアは，保育者の手によって，デザインされなくてはならない。ソフトウェアがどれくらい完成度が高いかではなく，ソフトウェアがどのような内容をもち，子ども達にいつ提供するかという時期が重要となってくると考えられる。

(2) 半田幼稚園でのソフトウェア開発

　すでに述べたように，発達に適したソフトウェアは，現場の保育者の手によって，デザインされなければ作成することはできない。しかし現場の保育者にとって，ソフトウェアの内容をデザインしたうえで，さらに目的とするソフトウェアを自らの手で開発するには，時間という条件が大きな壁になってくることは容易に想像できる。コンピュータの初心者がソフトウェア開発を行なうには，保育ソフトを作成するために必要になってくるマルチメディアコンテンツ

Ⅱ部　ソフトウェアの開発

（音やさまざまな画像，映像，文字等の情報が扱えるソフトウェア）の作成ツールとしてさまざまなものが現在準備されている。しかしコンピュータ言語を含め，依然としてコンピュータに関する特別な知識を要求されるものがほとんどであり，現在の開発環境は十分とはいえない状態である。

そこで，筆者らは半田幼稚園の教員との共同作業によって半田幼稚園のための保育ソフトウェアを開発する計画をたてることにした。

ソフト開発の手順のおおまかな流れは，次のとおりである。

1．幼稚園教員の手によってソフトウェア内容の基本構想をたてる
　↓
2．合同ミーティングによってソフトウェアの内容の共通理解を図る
　↓
3．幼稚園教員の手によるソフトウェアに必要な素材（おもに絵や音）の準備をする
　↓
4．幼稚園教員が作成した素材をコンピュータに取り込む
　↓
5．幼児ソフトウェアの初期の暫定版を作成する
　↓
6．幼稚園教員によってソフトウェアのチェックを行なう
　↓
7．ソフトウェアを修正し完成させる
　↓
8．CDへ焼きつける
　↓
9．幼稚園教員によってCDに装飾をほどこす

上の流れについてもう少し説明を加えることにする。

ソフトウェアの内容のシナリオは，基本的に半田幼稚園の教員が作成し，筆者らとの合同ミーティングによって最終的な内容を決定する。その後ソフトウェアの開発は，筆者らが行なうというように作業を大きく2つに分担した。ソフトの内容を決めるための合同ミーティングは，非常に意味のあるものになっ

た。教員のもつソフトウェアに対するイメージは，この合同ミーティングによってかなり明らかにすることができた。もちろん，筆者らと教員の仕事の関係で，合同ミーティングの時間が確保できないこともある。そのような場合に，教員のもつイメージを紙に書いてもらい，郵送という手段で共通理解をとった。しかし紙のメディアだけでは，イメージの共通理解は完全に行なうことはできず，ソフトウェアの構成要素に微妙なズレが生じた。

　ソフトウェアで使用するための画像素材は，すべて半田幼稚園の教員が手描きしたものである。教員が色鉛筆で描いたものを，イメージスキャナを利用してコンピュータが扱えるデータ形式に変換した。大部分の音の素材は，市販とフリーウェア（自由に利用できる）の音素材集を利用した。声のデータは，半田幼稚園の教員が直接コンピュータに入力したものと，テープレコーダに録音したものをコンピュータに取り込んで使用した。なお，音声データは音をさまざまに編集できる特別なソフトウェア（SoundEdit 等）を利用し，音響効果を加えた。これらの素材をもとに Macromedia Director 7J を利用してソフトウェアを作成した。ソフトウェアは，プロジェクターという特別な形式のファイルに直し，Macromedia Director のアプリケーションソフトがなくても使用できるようにした。作成した暫定版のソフトウェアは，半田幼稚園の教員が自分たちのイメージとどこにズレがあるか，また新たにつけ加えたい内容があるか等についてチェックを行なった。また，このとき，実際に教員がこの暫定版のソフトウェアで遊ぶことによって，どこかにプログラムの不都合がないかを見つける作業も兼ねた。

　その後，ソフトウェアの手直しの作業を行なった後（時には，手直しが何回となく行なわれる），最終版のソフトウェアが完成する。完成したソフトウェアは，CD-ROM に焼きつけた。その後，CD には半田幼稚園の教員の手によって，顔料が含まれたペンでさまざまな装飾がほどこされた。

(3) 半田幼稚園のソフトウェアの特徴

　半田幼稚園との共同開発で作成したソフトウェアは,子ども達の興味の対象,遊びの内容に合わせて作成した。しかし,子ども達がソフトウェアで遊ぶとき,ソフトウェア間で使い方が不統一になっていると,子ども達は混乱を起こして

しまう。そのようなむだな時間の浪費を避けるために，ソフトウェアのインタフェース（使い方の仕様）をすべて統一した。ここでは，開発ソフトウェアに共通する特徴について，述べることにする。

1 子どもの体験に基づいたソフトウェア構成

ソフトウェアのなかに登場する素材は，すべて半田幼稚園の子ども達の，生活に基づいたものである。登場する生き物は，子ども達が，保育室で実際に育てているテントウムシやアゲハチョウの幼虫，ダンゴムシやオタマジャクシ，アメリカザリガニ，さらには園庭の池やそのほかの場所で飼育されているカメ，フナ，アヒル，そして，園庭に咲いているさまざまな植物等である。また，開発ソフトウェアには，多くの動物たちが登場するが，それらはこの年齢の子ども達にとっては非常に親しみのあるウサギ，クマ，キツネ，ネズミ等であり，何の説明もなく容易に認識できるものばかりである。またソフトウェアの内容も，子ども達が現在体験している遊びをソフト上に再現している。たとえば，かけっこ，一輪車，跳び箱，サッカースキップ，竹馬などの運動遊び，水遊び，さらには楽器を使った遊び，合奏，カルタ，剣玉，すごろく，コマまわし等であり，すべての内容が子ども達にとって身近な遊びであり，現在活動中であるか，実際にすでに体験したものであるため，だれからも説明されることなくソフトウェアの世界に入ることができるようになっている。

2 豊富なマルチメディアデータの使用

できる限りソフトの内容に合う音のデータを探し出し，使用するようにした。特種効果をかけた音声データや，さまざまな動作を象徴するクリップサウンド（効果音），場面が変わったときにながれるBGM等である。これらの作業は，かなり時間を必要とするものだったが，ソフトウェアにとっては非常にたいせつな要素である。画像データの大部分は，半田幼稚園の教員が色鉛筆等を使って手描きしたものを，イメージスキャナを利用し取り込んだことはすでに説明したが，一部の背景画像は，デジタルカメラで撮影した映像と手描きの画像をアドビ・フォトショップ（Adobe Photoshop）などの画像編集用ソフトウェアを使って，うまく組み合わせて使用した。文字データの使用に関しては，手紙や掲示板の内容を表示する，曲名を記す，一部の遊びの名称に使用するだけにし，できる限り少なくなるようにしている。さらに，文字データは，音声デー

タと必ず組み合わせ，文字を認識できない子ども達への配慮を試みている。

3 イベント（コンピュータ画面でのできごと）の暗示

その場所で，マウスをクリックした場合になんらかの変化が起こる場所については，マウスカーソル（マウスの位置を示すマーク）の形状を矢印から指型に変化するようにした。この手法は平成12年度（2000）のソフトウェアでは，実施していなかったが，その年度の実践の反省に基づいて，2001年度から採用することにした。マウスカーソルの形状を変化させないことは，隠されているものを見つけだす楽しみを子ども達に与えることにつながり，子ども達の探索活動を持続させる効果をもっているかもしれない。しかし，筆者らのコンピュータ遊びのねらいは，子ども達にコンピュータ内での意味のない探索活動にいたずらに時間を費やさせることではない。子ども達のコミュニケーションをうながし，現実の遊びとの相互作用を活性化させることであるため，マウスカーソルを変化させ，なんらかの変化があるというイベントの暗示を行なった。

4 マウスだけの操作

開発したソフトウェアの操作は，すべてマウスの操作だけでできるようになっている。マウスの操作の種類は，マウスカーソルの移動とマウスクリックが大部分である。一部に，マウスのドラッグ操作を要求するイベントが含まれているが，隠れているものを探すために，岩や草を移動させるという，現実の動作に非常に似た操作であるため，子ども達は迷うことなく自然に操作していた。キー入力や，キーの組み合わせを要求するような操作はまったく使用していない。ただし，子ども達によるソフトウェアの遊びが，不意に終了して中断されないように，ソフトウェアを終了する場合は，マウス操作ではなく，キーボードからキーを入力して終了する方法を採用するようにした（実践当初の一部のソフトウェアは，マウスクリックによって終了するようにしていたが，その後は採用していない）。

5 イベント発生の階層の制限

少し専門的な表現になるが，ソフトウェアの構造を単純化するため，場面内におけるイベントのレイヤー（階層）構造を最大3階層に制限している。それぞれの場面内で起こる変化は，コンピュータ画面に表示されるいろいろなもの（オブジェクト）をクリックしたときに，なんらかの変化が起こり，その変化

が終了すると自動的にもとのレイヤーにもどるものが大部分である。上の例の場合，このイベントは2つのレイヤーで完結する。しかし，ある場面ではオブジェクトをクリックしたときに，ある種の変化が起こり，そのレイヤーで一時的にオブジェクトが静止するようになっている。そして，静止したオブジェクトをクリックすると，別の変化が起こり，その後，最初のレイヤーにもどるという3階層にわたるイベントが発生する場合がある。たとえば，川の中に岩があり，その岩をクリックするとカエルが現われて，一時的に静止する。そしてそのカエルをクリックするとカエルは水の中に飛び込み，泳ぎながら遠くへ行ってしまい画面から消える。最終的に，その画面は最初の画面にもどっているというような変化である。

ひとつのイベントが完結するまでに，あまりにも多くのレイヤーが関係することは，ソフトウェアを複雑にするだけであり，保育ソフトウェアとして不適になると考えているため，半田幼稚園の開発ソフトウェアは，イベント発生の階層は3階層までに制限している。

6　時間的要素をもたせた特殊なイベント

平成13年度（2001）の春に子ども達に届けられたソフトウェアには，特別なイベントが起きるようにプログラムした。5月25日を境にして，イベントの内容が変化するというものである。たとえば，5月24日までは，青色の世界の中に現われるカエルの卵は，何度クリックしても変化しないが，5月25日以後は卵をクリックすると，オタマジャクシに変化するようになっている。同じCDでありながら，時間の変化にしたがってイベントが変化するようにくふうしている。今回の実践では，この種の時間軸に応じた変化が起こるイベントは，唯一このCDに含まれるソフトウェアだけであるが，時間軸に対応してイベントが変化するというこのアイディアは，今後いろいろな場面で利用可能ではないかと考えている。

7　乱数を利用したゲーム性をもったイベント

運動遊びや，水遊び等のソフトウェアでは，乱数を発生させ，乱数の値によってイベントの種類に変化が起こるようにプログラムしたものが多くある。たとえば，運動遊びのかけっこの順位，縄跳び，一輪車，跳び箱，サッカースキップ等では，成功と失敗は発生する乱数の値によって決定されるようになって

いる。乱数を利用したイベントの変化は，ソフトウェアに変化をもたせることができるため，子ども達がくり返して，遊びを続ける活動に発展した。

（4）自作ソフトウェア開発における問題点と今後の展望

子ども達は，常に変化している存在である。その子ども達の遊び，興味，発達の実態，地域の自然環境も常に変化している。そのため，子ども達に適したソフトウェアを，常に市販ソフトウェアから求めることは，非常に時間と困難をともなう作業である。幸運にも，目的に合ったソフトウェアを探し出すことができたとしても，子ども達に提供する好機を逃がしてしまう場合もあるだろう。発達段階に適したソフトウェアを，適切な時期に，適切な環境のもとで使用することによって，コンピュータというツールは，その潜在能力を発揮することができるのである。

コンピュータを保育環境のなかで，効果的に利用するためには，多くの現場保育者がソフトウェアを開発する能力をもつことが望まれる。しかし，現在のソフトウェア開発環境は，コンピュータに関し特別な知識をもつことなく，ソフトウェアを開発できるまでに，十分に進化していない。このような現在の状況のもとで，最大の効果をあげるために，以下の提案をしたいと思う。

- 現場保育者が，コンピュータの正しい姿と可能性を理解し，みずからが簡単なソフトウェアを開発できる能力を得るため，長期的な研修を受けることができる機関と時間の確保のための制度の確立。
- 大学機関，地域メディアセンター等との共同作業による自作ソフトウェアを開発できる環境の整備。
- 保育者みずからが，保育に必要なソフトウェアを開発することができる教育用に特化した，無償で使用できるオーサリングシステムの整備。
- 保育現場で作成したソフトウェアの再利用と部分利用，そして参照を可能にするデータベースの作成。

（村上　優）

引用文献

1) Susan W. Haugland & June L. Wright 1997 *Young Children And Technology : A World of Discovery*. New York : Allyn and Bacon.

Ⅱ部　ソフトウェアの開発

2 ●●● ソフト構成図

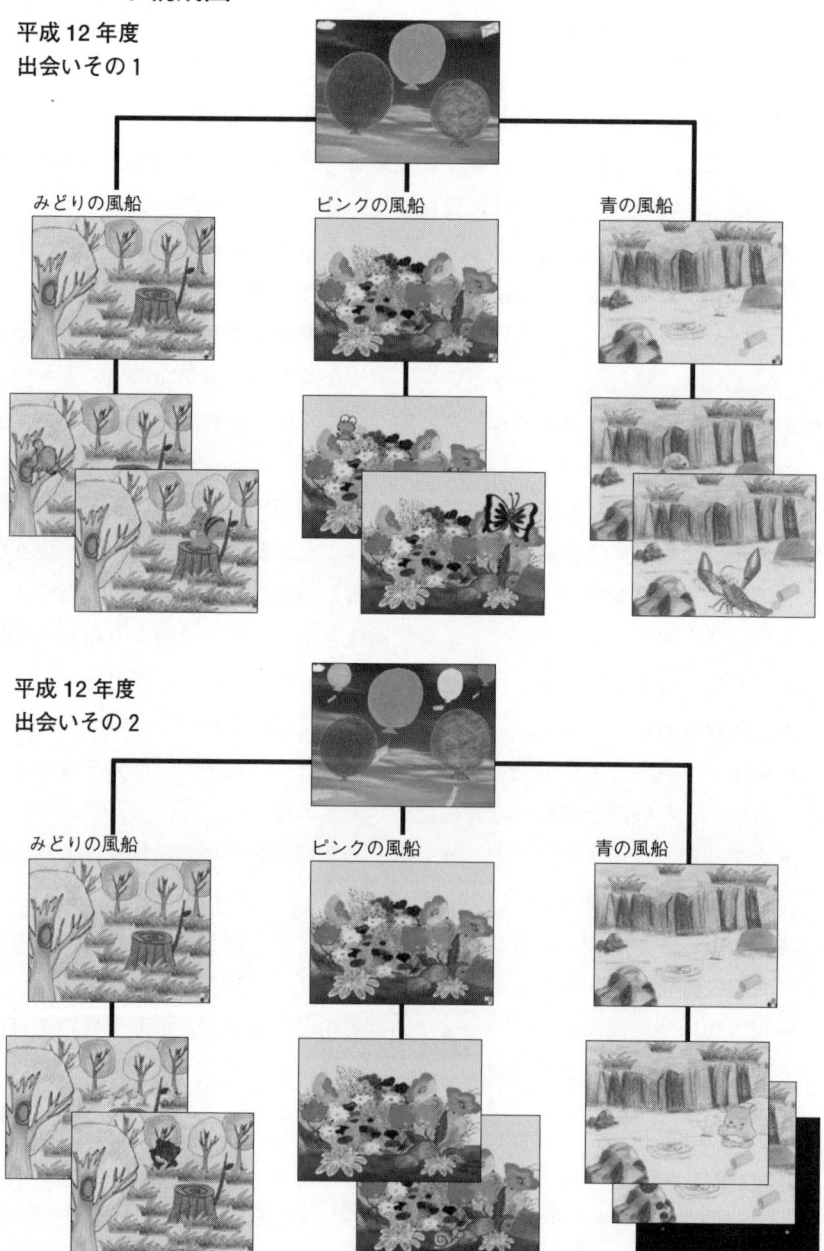

平成12年度
出会いその1

みどりの風船　　ピンクの風船　　青の風船

平成12年度
出会いその2

みどりの風船　　ピンクの風船　　青の風船

2章 ソフトウェアの開発

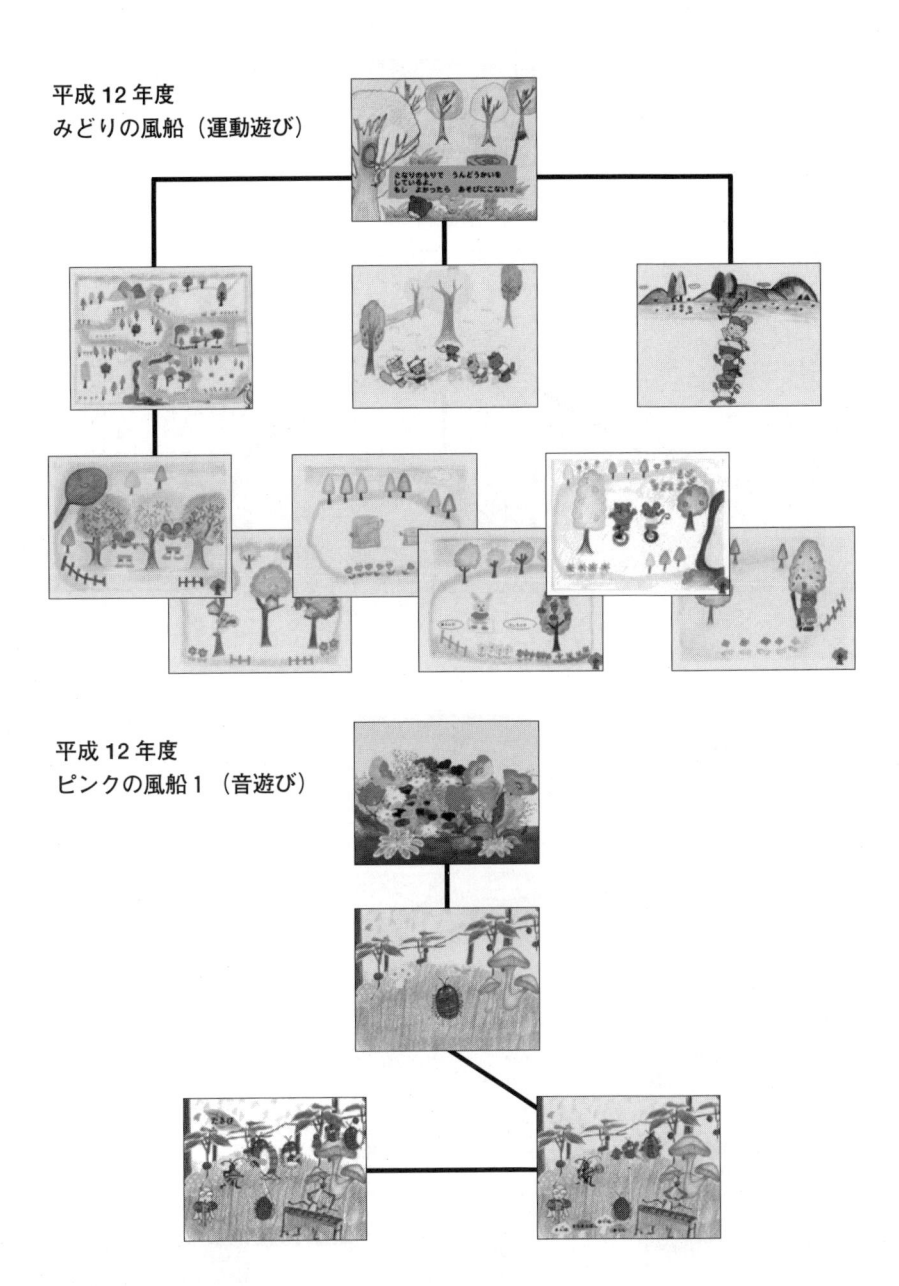

平成 12 年度
みどりの風船（運動遊び）

平成 12 年度
ピンクの風船 1（音遊び）

II部　ソフトウェアの開発

平成 12 年度
ピンクの風船 2（音遊び）

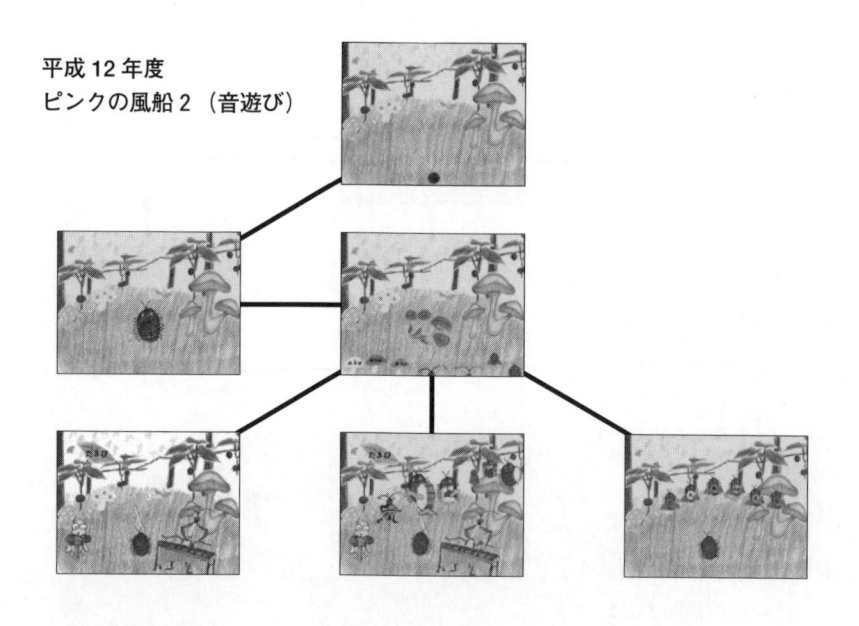

平成 12 年度
青の風船（変形クイズ）

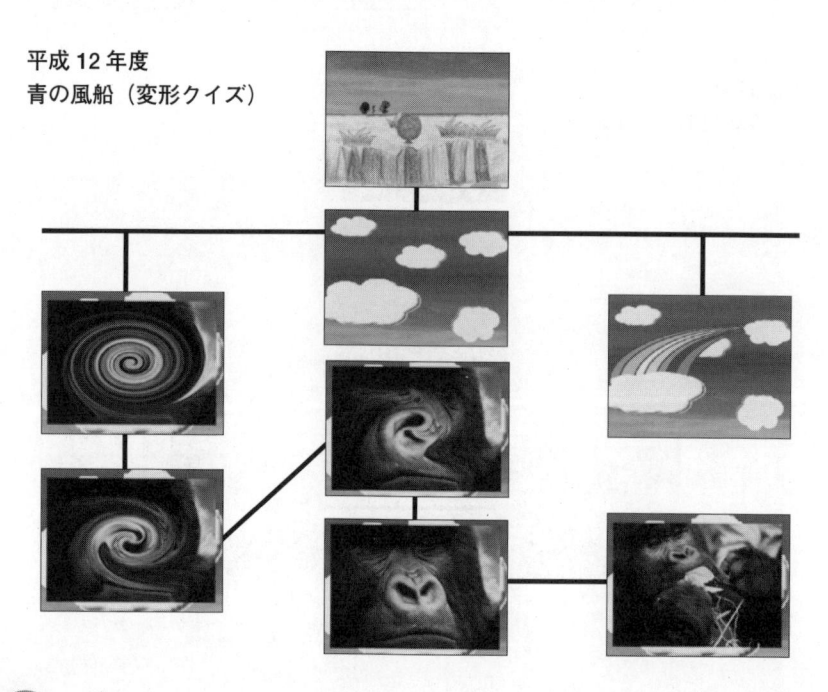

2章 ソフトウェアの開発

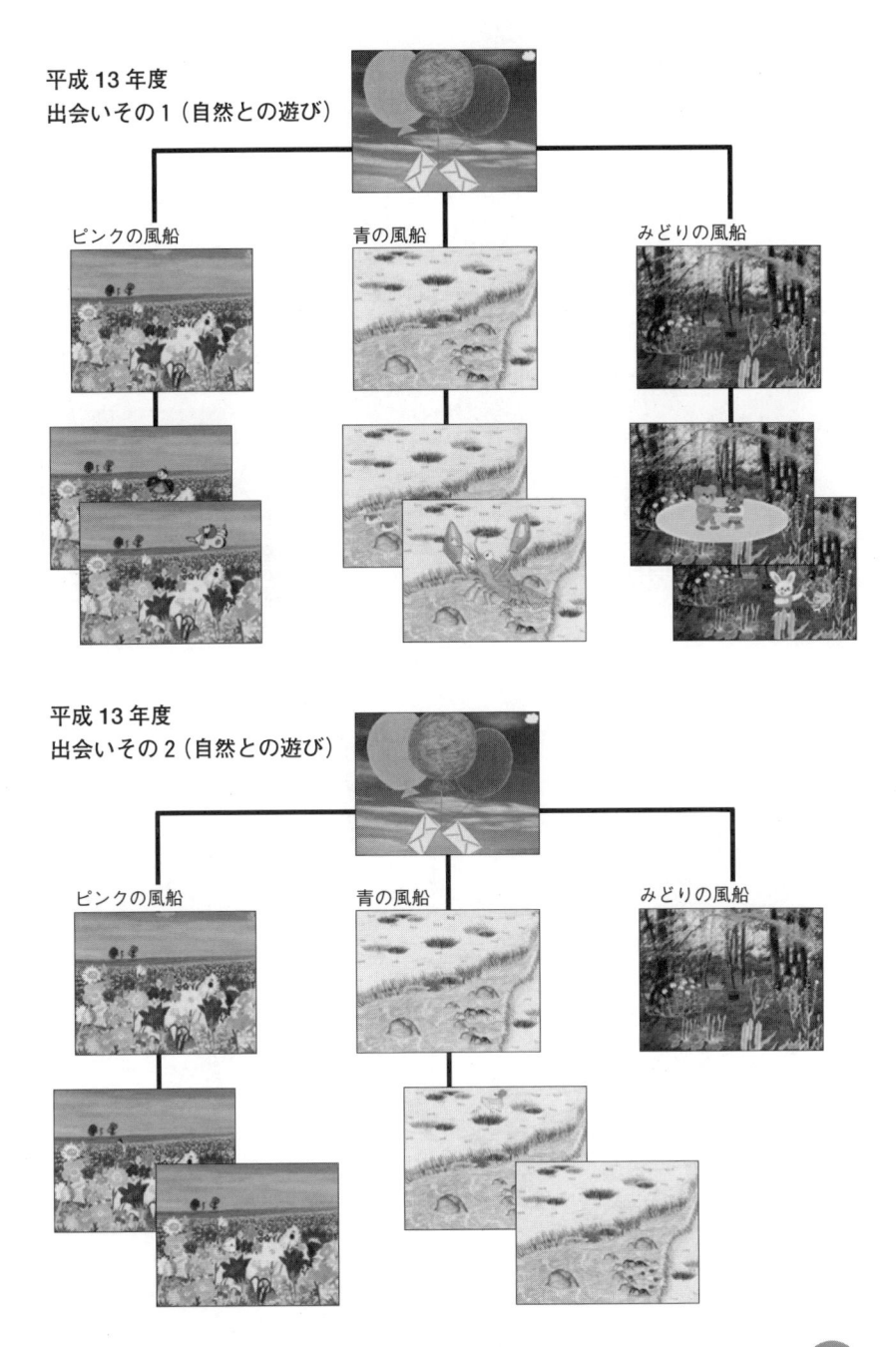

平成13年度
出会いその1（自然との遊び）

ピンクの風船　　青の風船　　みどりの風船

平成13年度
出会いその2（自然との遊び）

ピンクの風船　　青の風船　　みどりの風船

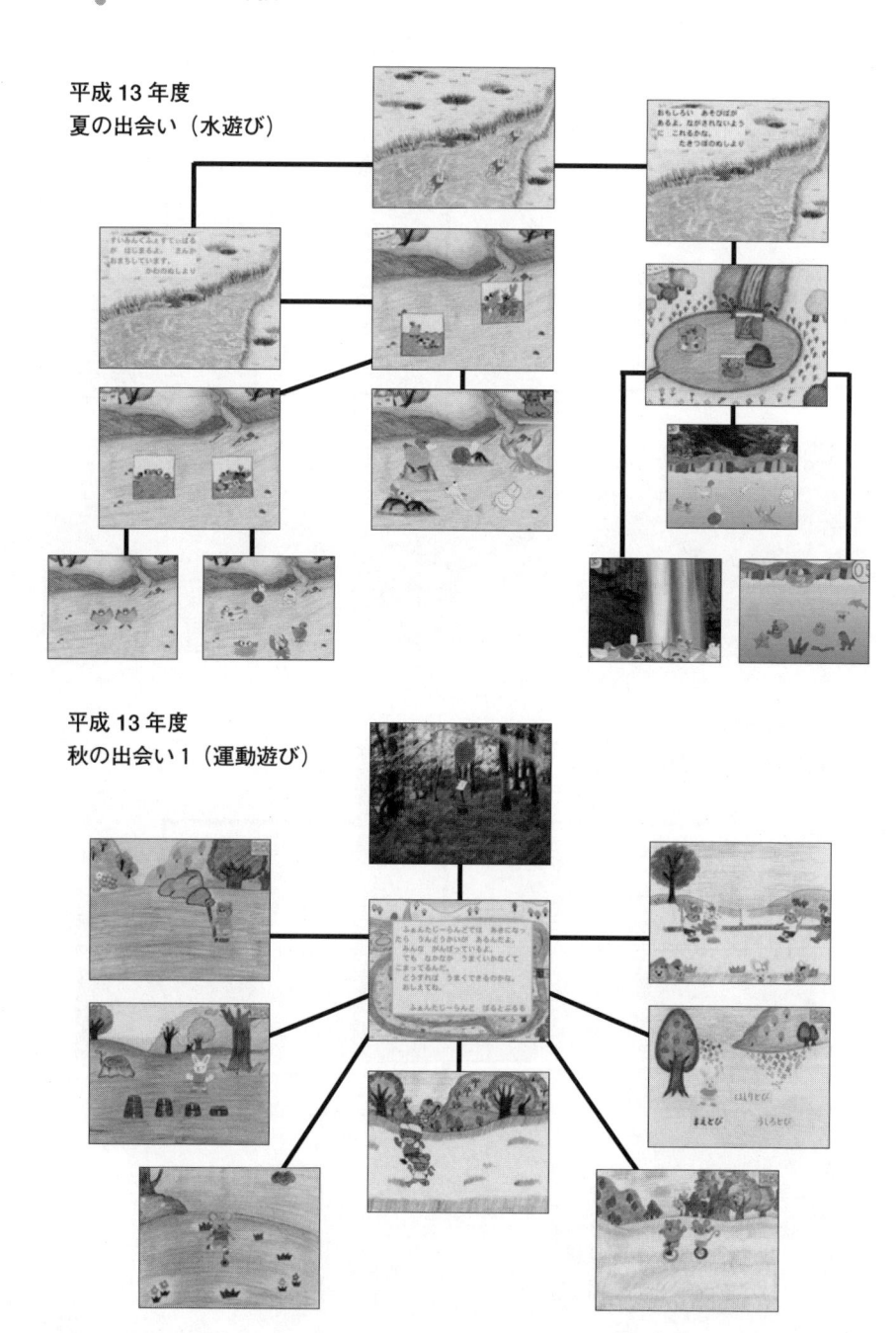

Ⅱ部　ソフトウェアの開発

平成 13 年度
夏の出会い（水遊び）

平成 13 年度
秋の出会い 1（運動遊び）

2章　ソフトウェアの開発

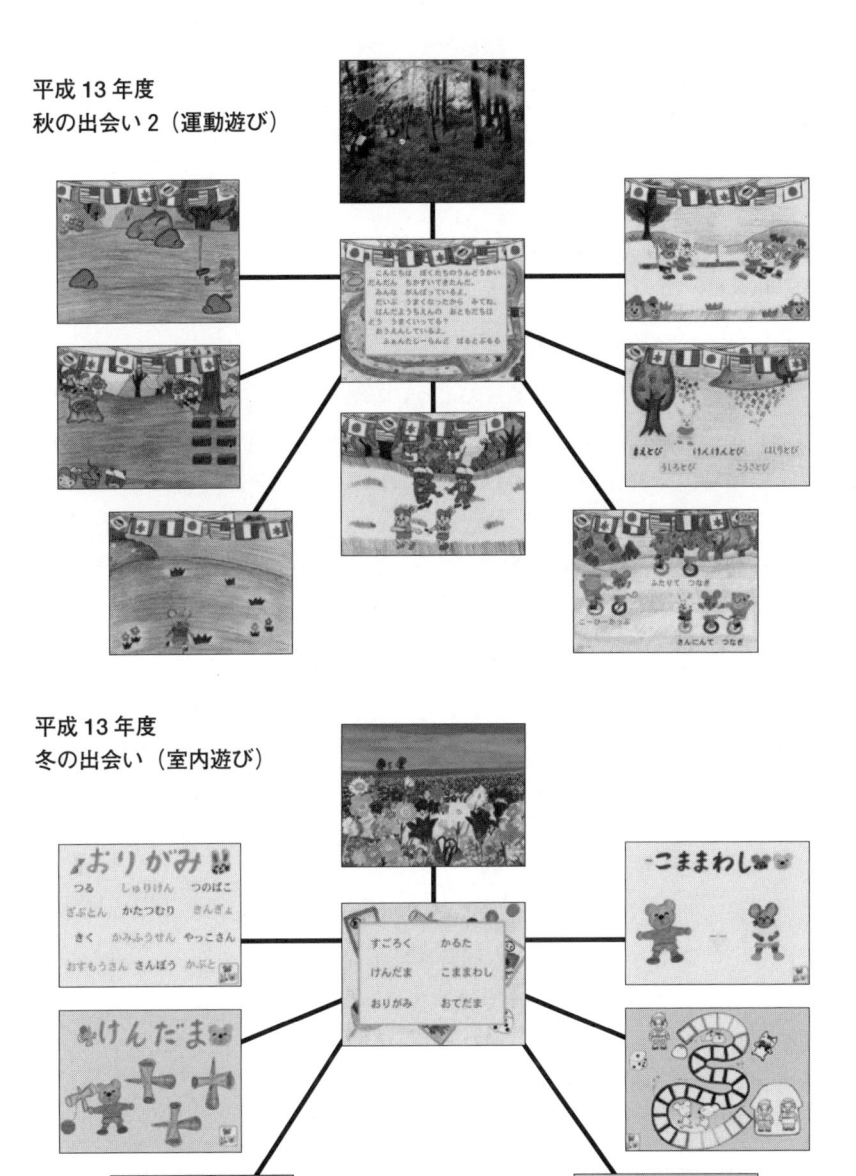

平成 13 年度
秋の出会い 2（運動遊び）

平成 13 年度
冬の出会い（室内遊び）

Ⅱ部 ソフトウェアの開発

3章 行動記録システムについて

1 ●●● システム開発の背景と目的

　今回の調査記録機器の設営にあたっては，コンピュータのある環境が幼児教育，子どもの遊び環境に対してどのように影響を与えるかを調査できる記録資料づくりが目的である。実証的な観点にたち，それぞれの専門的な視点からデータを収集し，分析を行なっていくために，コンピュータで遊ぶ子ども達の活動状況を，正確に記録・再現できることはいうまでもないが，その具体的な記録システムに必要な条件を今までに行なってきた調査方法を参考にして考える必要があった。

(1) 既存の記録機器設営の問題点について

　今までの簡易な記録機器設営では，まず子どもの操作状況の記録画面として，コンピュータ画面と子どものキーボードやマウスを操作しているようすをコンピュータ設置の机の斜め上から1台のビデオカメラで一度に撮影する方法をとる。

　この場合の問題点として，コンピュータ画面と子どものキーボードやマウスを操作しているようす，どちらも同時には正面から撮影できない。操作者の行動とコンピュータの画面の因果関係が観察しにくい。往々にして子ども達は，画面前で数人が身を乗り出し，押し合うようにして画面をのぞき込んでいることが多く，子どもの頭上の絵ばかりで顔の識別が困難であり，操作している手元は体の陰でまったく不明，観察ができない場合が多かった。

　会話においてはマイクを画面付近まで延長しない限り内容が不明瞭，発言者の特定が困難であった。

　またカメラの設置についても，一般的な三脚に固定して撮影する方法は，子どもの移動の妨げになるばかりでなく，接触によるカメラ視点の移動そしてカ

メラの転倒の可能性もみられた。

(2) 記録システムに必要な条件

今までの反省点やその後の改良点，運用試行のフィードバックをふまえて今回の観察目的にあった条件を設定した。

- コンピュータ画面から操作者までは物理的な距離が確保できること
- 子どもの活動量から予想される接触に対して物理的に耐えられること
- 子どもの活動中，カメラや記録機器を意識されにくいこと
- 同一フレームの映像内に，モニター画面内のポインタを含んだ映像と，画面前で子ども達が操作している映像の，2画面が同時に記録されていること
- 個々のコンピュータ前の子ども達の活動と機器設置室全体の行動を記録できること
- 保育の妨げに成らず，現場に継続的に設置可能で保守点検作業が現実的に可能なこと
- 記録機器の起動，終了が容易で調査担当者誰にでも可能なこと
- 記録後のデータの分析にあたり，いろいろなメディア間で利用可能なこと
- 気温の上下に関わらず，機器の発熱から記録機器システムに影響が出ないこと
- 子ども達の個体識別ができること
- 子ども達の会話の内容が記録判別できること
- 活動の観察が同期した時間軸によってできること
- コンピュータの前の映像内で，個々のコンピュータの識別が可能なこと

2 ●●● システムの概要と特徴

(1) 概要

コンピュータ画面から操作者までは操作活動の必要空間確保のためや，多人数が一度に機器に向かえるよう，そして撮影目的のため，物理的な空間が確保できるよう，半径600mmの半円形と900×600mmの長方形の汎用幼児用机

II部　ソフトウェアの開発

を，(図3-1)のように組み合わせ，その上に本システムを設置した(図3-2)。

そしてを撮影記録の方法については，操作活動している画面前の子ども達の映像とコンピュータ画面の映像をビデオミキサーで同一画面の中に合成し，ビデオテープに録画するという方法をとった。そのために小型ビデオカメラを改造し(図3-3)，(図3-4)のようにユニバーサルカメラスタンドに取りつけ，小型クランプでコンピュータ本体に固定した。結果として，カメラは画面上から操作する子ども達を見おろす形になり，正面から向かい合うため，その機器を囲むほとんどの子ども達の顔や音声，手元のようすなどを含んだ映像記録が可能となる。その映像フレーム内にコンピュータ画面を picture in picture の方法で合成し(図3-5)，コンピュータ遊びの観察記録映像とした。以上の機器セットを各コンピュータに設置するとともに，全体を撮影するビデオカメラも設置した。

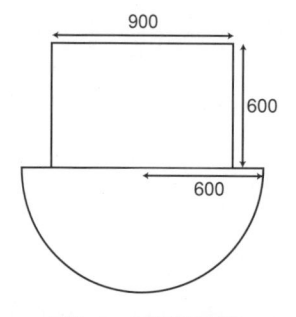

図3-1　汎用幼児用机

図3-2　システムの設置

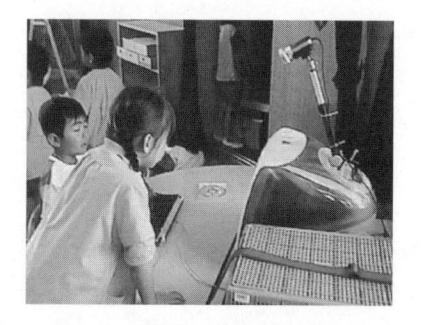

図3-3　改造した小型ビデオカメラ

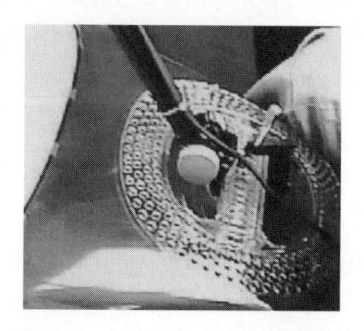

図3-4　カメラスタンドへの取りつけ

●● 3章 ●● 行動記録システムについて

図3-5 コンピュータ画面の合成

(2) 機器の構成と接続設置について

図3-6に機器構成と信号系統の流れと接続入出力概念を示す。機器はコンピュータ、スキャンコンバーター、レンズ部分離型小型ビデオカメラ、デジタルビデオミキサー、Hi8ビデオデッキ、液晶モニターとそれぞれの電源ユニットからなる。それらの機器を調査実行時の起動調整操作性、機器から発生する熱の自然対流冷却効果、コード類の整然性、掃除の容易さ等を考慮し、まとめて積み上げ構成し（図3-7）、コンピュータの横に設置した。そしてコンパクト化、隠匿性、目的外の接触による機器の停止か

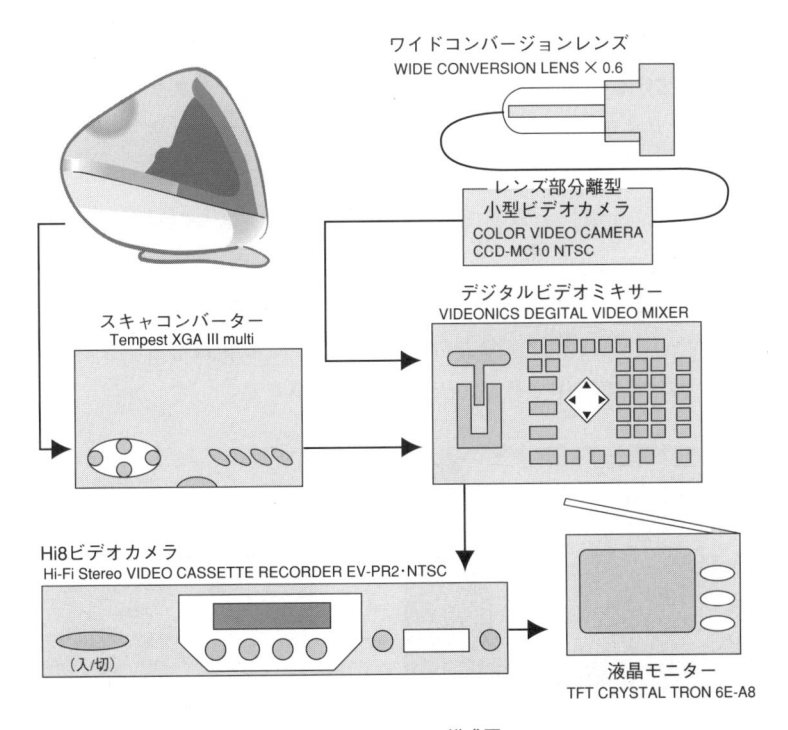

図3-6 システム構成図

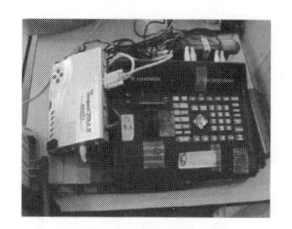

Ⅱ部　ソフトウェアの開発

図3-7　機器構成 　　図3-8　メッシュプラスチックケース 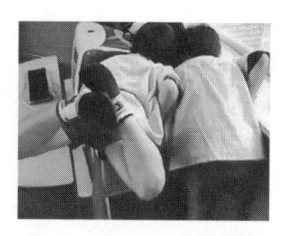　　図3-9　耐久性のあるケース

らの防衛を考え，起動調整操作後はこれらの機器をメッシュプラスチックケース（図3-8）で蓋をしてしまい，不用意にケースが開けられないようにバックルつきのベルトで机に縛りつけてしまう方法をとった（図3-3）。またメッシュプラスチックケースは子どもの興味からくる行動にも耐えられる丈夫かつ，通気性のよいものとした。(図3-9)

(3) 個々の機器と調整
1　レンズ部分離型小型ビデオカメラとユニバーサルカメラスタンド

このビデオカメラでは，小型，広角画角，焦点距離固定であるがコンピュータ前全体を撮影するために，まだ画角が足りないので，市販のワイドコンバージョンレンズ（0.6倍）を装着させて（図3-10）広範囲の視野を得られるようにした。

それらのものをユニバーサルカメラスタンドに装着した（図3-11）。クランプ部とポール（図3-12）や雲台（図3-13）の角度調整用つまみは，子どもの興味対策として操作できないナベネジと交換した。

図3-10　ワイドコンバージョンレンズの装着 　　図3-11　カメラスタンドへの装着

●● 3章 ●●● 行動記録システムについて

図3-12 クランプ部とポール

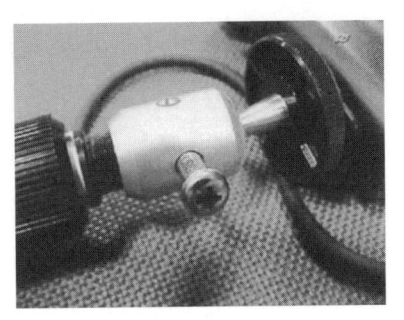

図3-13 雲台

2　Hi8ビデオデッキ（図3-14）

電源スイッチが飛び出していたため，メッシュプラスチックケースとの接触，誤動作が確認されたので，自作カバーを装着した（図3-15）。また電源スイッチの位置をわかりやすくした。

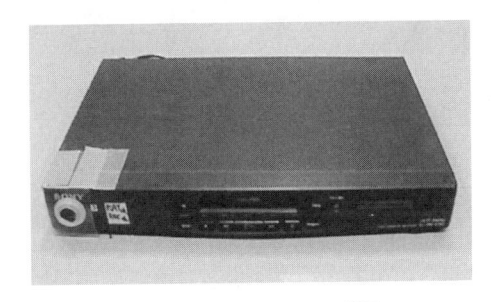

図3-14 電源スイッチの位置

図3-15 自作カバーの装着

3　スキャンコンバーター

電源スイッチが飛び出していたため，メッシュプラスチックケースや他の機器との接触，誤動作が確認されたので，突起物を装着した（図3-17）。また電源スイッチの位置をわかりやすくした（図3-16）。

4　デジタルビデオミキサー（図3-18）

多目的多用途なため操作が複雑であるので，（picture in picture）の機能を発生させる操作の手順を番号で機器上に貼りつけ指示。プリセットメモリー機

Ⅱ部　ソフトウェアの開発

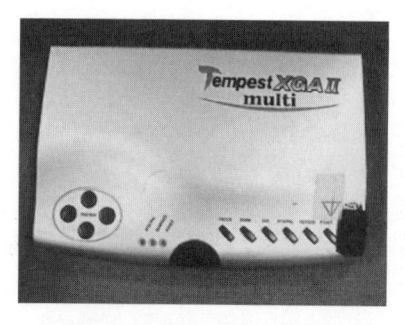

図3-16　スキャンコンバータ

図3-17　突起物の装着

図3-18　デジタルビデオミキサー

図3-19　ビデオモニター

能の使用も検討。

5　電源延長分岐タップ

　機器の消費電力を計算して安全に使用するのみならず，機器の電源コードとともに別のメッシュプラスチックケースカゴの中に収納し，前述の機器設置用幼児汎用机の下に可動式として取りつけた。

3 ●●● システム機能の予測と結果

（1）予想されたこと

　子ども達の機器との出会いに際して，コンピュータ個別カメラをのぞき込む，カメラで遊ぶといった，珍しいものに興味がふられてしまうことは予測できたが，機器をコンピュータに組み込まない限り生じるであろうし，技術的限界も

ある。しかし予想に反して，慣れのせいでもあるのか，実際にコンピュータを操作するために来た子どもには，そのような行為をする者はいなかった。ただコンピュータ記録機器の起動調整用の液晶モニタに，調整後も観察映像が映っていると，それを見つけ自分たちの姿を映して遊ぶ「テレビごっこ」が発生し（図3-20），そればっかりに興じてしまうよう

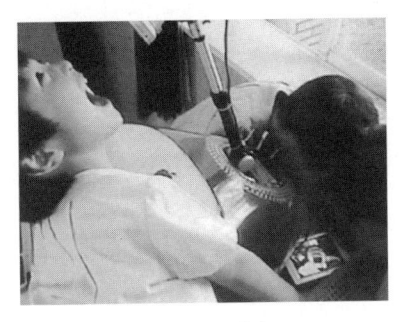

図3-20 テレビごっこ

すもみられた。しかし，しばらくすると本来のコンピュータ操作のほうに意識が向かっていくようすが観察できた。

(2) 観察映像の実用性について

設置空間内における子ども達のコンピュータセット間の移動や，平行して行なわれているふだんの遊びも観察できるであろうと予想し，同室内全体を撮影できるように設置した機器の映像は，個別の機器机上の映像とリンクして分析することで個人識別や室内の集団としての行動観察が可能であろうと考えられる（図3-21）。

また個別の機器机上の映像については，コンピュータのまわりで遊ぶ子ども達の発言内容や行動状況は，かなり詳しく記録することができた。この映像にタイムコードを載せ，時間経過を計測したり，その映像の一部を Quick Time のデジタルデータに変換れば，入力デバイス等の移動軌跡の分析なども可能である。

図3-21 室内全体の影響

（山本　泰三）

Ⅲ部

実践例の紹介

Ⅲ部　実践例の紹介

1章　出会いⅠ　春の自然と遊ぼう

1 ●●● 保育計画：小虫や小草花とたわむれて

（1）主題
身近な春の自然

（2）ねらい
身近な生き物に興味をもって見たり，世話をしたりして自然に親しむ。

（3）幼児の姿と遊び
　春，風が心地よい5月。園外保育で自然いっぱいの「せせらぎ公園」に行った。そこで，テントウムシを見つけたり，シロツメクサを摘んだりすることを楽しんだ。テントウムシをたくさん見つけ，幼虫，さなぎ，成虫を，幼稚園に持ち帰ってきた子どももいた。何日かたったある日，さなぎのなかの1匹が幼稚園で成虫になった。生まれたばかりのテントウムシは体が黄色く光り，少しずつ背中の斑点が浮き出てきた。成虫の誕生に不思議を感じた子ども達は，園庭でもテントウムシやダンゴムシ，バッタの赤ちゃんなどを探すようになった。
　そんなとき，ファンタジーランド[*1]からの贈り物が届き，春の自然や草花遊びにますます興味をもっていった。

---

*1　本実践で使用したソフトウエア上で，保育者がつくり出した想像の世界。ファンタジーランドには，「パル」と「プルル」が住んでいて，園児に風船でコンピュータのCDを届けてくれる。はじめは偶然，半田幼稚園のいちょうの木にひっかかっているのだが，交信していくうちに，半田幼稚園の子ども達と仲よくなる。そして，なぜか半田幼稚園のことや半田幼稚園の子どものことをよく知っている，という設定にしている。ファンタジーランドは一人ひとりの心のなかに存在し，自由にイメージをふくらませることのできる世界なのである。

(4) 保育計画（5月7日～5月18日）

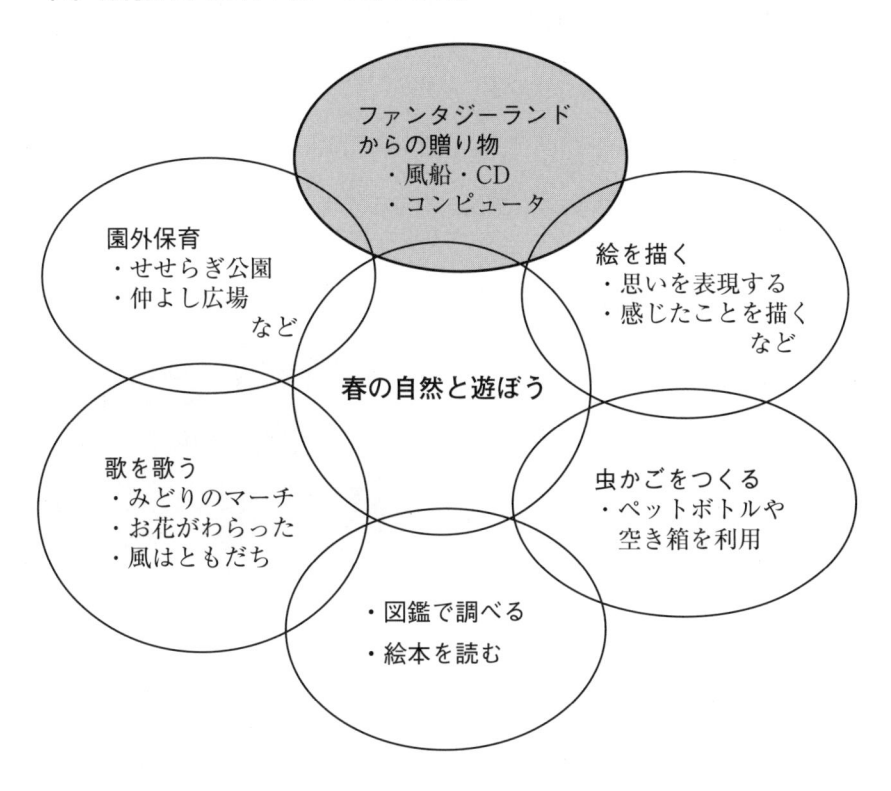

```
             ファンタジーランド
              からの贈り物
               ・風船・CD
               ・コンピュータ

  園外保育                          絵を描く
   ・せせらぎ公園                    ・思いを表現する
   ・仲よし広場                      ・感じたことを描く
           など                              など

           春の自然と遊ぼう

  歌を歌う                          虫かごをつくる
   ・みどりのマーチ                  ・ペットボトルや
   ・お花がわらった                   空き箱を利用
   ・風はともだち

               ・図鑑で調べる
               ・絵本を読む
```

(5) 本時のめあて

- 風船を見つけて喜んだり，ファンタジーランドからの贈り物で遊んだりする。
（年少4歳児）

- ファンタジーランドからの風船やCDに関心や好奇心をもち，年少児といっしょにソフトを見て遊んだり，思いを伝え合ったりする。　（年長5歳児）

- 身近な自然に興味や関心をもち，実際に虫や小動物を見つけたり，草花で遊んだりすることを楽しむ。　（年少・年長）

III部　実践例の紹介

(6) 本時の保育展開

流れ	予想される幼児の活動	指導と援助	環　境
動機づけ	○園外保育（せせらぎ公園）から帰ってくる。 ○いちょうの木に引っかかっている風船を見つける。 ・風船と包みを取りに行く ○風船と包みを取る。 ・包みをあけ，CDを見つける。	○風船が引っかかっていることが，全園児に伝わるように声をかけ合う。	○風船を全園児が園に帰ってから見つけられるように，いちょうの木（シンボルツリー）の北側につけておく。
出会い	○CDをコンピュータに入れる。 ・メッセージを聞く。ソフトを見たり，遊んだりする。 ＊画面上の花をクリック→アゲハチョウが飛んでいく。	○実際に画面上のいろいろなところを操作し，みんなで話し合いながら見られるように配慮する。	(パルとプルルの声が聞こえる) ぼくパル，わたしプルル ぼくたちは　ファンタジーランドにすんでいるんだよ。 ともだちになってくれる？ よろしくね 　　　　ファンタジーランド 　　　　パルとプルル

いちょうの木に集まってきた子ども達

画面上に届いた風船

アゲハチョウが飛んでいる

●● 1章 ●● 出会い I　春の自然と遊ぼう

流れ	予想される幼児の活動	指導と援助	環　境
↓ ファンタジーランドへの思い ↓ イメージ化 ↓ 生活化	＊画面右下方のさなぎをクリックする。→モンシロチョウが花のみつを吸う。 ＊画面中央のテントウムシの卵をクリックする。→テントウムシの幼虫が出てくる。 ○思いを自分なりの方法で表現する。 ・手紙を書く。(文字,絵) 子どもの手紙 CDありがとう。 また，CDおくってね。 ふうせんもおくってね。 ふぁんたじーらんどのどこにすんでいるの。 　　　　　　　T男 ○興味をもった生き物を見たり，探したりする。	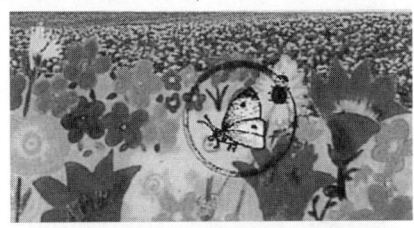 みつをすっているもんしろちょう  テントウムシの幼虫 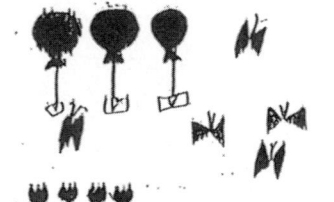 子どもが描いた絵 CDのなかにぱるとぷるるのかおがはいっていたらいいのに……みせてね。 　　　　　　K男 ぱるとぷるる また ようちえんにきてね。 　　　　　M子	○多目的ホール内の製作コーナーには，鉛筆やマジック，用紙など自由に使えるように準備しておく。  子どもが描いた絵 ○見つけた生き物を入れられるように，虫かごや空き容器を目につきやすいところに置いておく。

Ⅲ部　実践例の紹介

2　保育の実際の展開

（1）身近な自然への関心の高まり

1　アオムシがチョウチョになったよ　――虫さん　大好き！

アオムシを飼育ケースにいれたところ

　E子は虫が大好きである。テントウムシの卵や幼虫，ダンゴムシなどを見つけ，まるで，友達ができたように喜んでいる。
　そんなとき，ファンタジーランドからの贈り物が届き，E子は虫への思いをより強めていった。園の畑のキャベツについていたアオムシをかわいがり，家に連れて帰った。

┌─ お母さんからのお便り ─────────────┐

　最近，一段と虫に興味をもってきて，プラスチックの開き容器にダンゴムシやテントウムシを入れて，飼育というより監禁（軟禁ぐらいかな？）状態。その苛酷な条件にもかかわらず，テントウムシが卵を産みつけていました。発見したときは大喜び。カップにくっついている卵だけ残してあとは庭のアブラムシのついているお花のところに放してやりました。幼稚園の畑にいたもん白（もん黄？）蝶の幼虫は飼育ケースで育っています。ふたのほうにくっついてあまり動かなくなってきました。さなぎになるのかなぁ。
　虫たちの誕生が待ち遠しい今日このごろです。

└──────────────────────────┘

しばらくして，また，E子のお母さんがお便りをくださった。

┌─ お母さんからのお便り ─────────────┐

　園のキャベツ畑にいたアオムシを持ち帰っていたのが，今朝，チョウになっていました。5月21日にさなぎになってから，テーブルの上に飼育ケースをおいて毎日楽しみに待っていました。朝ごはん食べるときに見たら，アラ，

> モンシロチョウが……。いつの間に変身したのか……
>   朝早くかなあ。昨日の晩だったらパパと誕生日いっしょやなぁと言いなが
> ら　外に放してやりました。元気にヒラヒラヒラ〜と飛んでいきました。

　E子はファンタジーランドからCDが届き，より自然に興味をもっていった。また，アオムシを持ち帰り，そのアオムシがチョウになったころ，コンピュータのなかでも，さなぎが成虫になったところを見た。E子は，コンピュータの画面で見たことと自分の生活でのできごととが重なり合い，自然への興味の深まりにつながったのではないだろうか。

そっとアゲハチョウをつかまえている

2　草花遊びへの興味の深まり
①「クマ，がんばれー」　──感動を素直な言葉で
　ファンタジーランドからの贈り物が届いたとき，子ども達は草相撲の場面にとても興味をもった。画面の中で大きなクマと小さなネズミが草相撲を始めたのである。
「クマ，がんばれー。クマ，がんばれー」
とクマを応援する。まるで，自分クマになったようだ。クマが勝つと
「やったー。勝った」
と喜び，ネズミが勝つと
「あーあ。負けてしまった。もう1回しよ」
と，また画面の中のオオバコをクリックして草相撲を始める。画面上で，『あいこ』になると，
「アレーッ。どっちも負けてしまった」
と驚いた表情。自分の感じた思いをいっしょに遊んでいる友だちととても素直に言葉や表情に出していた。

②「草相撲っておもしろいね！」　――園庭で友だちと誘い合って

　子ども達は，園庭南の花壇の近くにオオバコが生えているのを見つけた。コンピュータのなかと同じオオバコを手にすると，すぐに，

「（草相撲）しよう！」

と言って始めていた。

「あっ，勝ったー」

「負けてもた」

しだいに，いろんなところから，歓声が聞こえてきた。

「H君，草相撲，しよう！」

「うん，しよう」

とたくさんの友だちと誘い合ってしている姿がみられた。

③この笛，鳴らへんで！　――草笛に挑戦だ！

　園庭でカラスノエンドウを見つけた。ファンタジーランドからの贈り物のCDのなかで，クマが吹いていた笛の実だ。保育者が笛をつくって鳴らしてみせると，子ども達は，とても驚き，

「どうやってつくるん？」

と興味をもった。膨らんでいる豆を探し，いっしょにつくってみた。さやから，豆を取り出し，半分にちぎって息を吹き込む。音がでない。息の吹き込み方のちょっとしたコツがつかみにくいのだろう。保育者は，つくる喜びよりも，まず，音を出す楽しさを味わうことから始めたほうがよいのでは……と考え，つくって手渡した。鳴った。大喜びだった。それを見ていた他の子も『できるかもしれない』と力を込めて，息を吹き込んだ。

「プーッ」

と鳴った。すると，今度は，

「自分でつくってみる！」

と豆を探しに行った。ほんの少しの手助けから自信が生まれ，『やってみる』という意欲につながった。

(2) 自然との深いかかわりにつなげて

1 子ども達の自然への関心を高めるために ——映像からの刺激を受けて

　ファンタジーランドから CD が送られてきた日，画面でいろいろな虫を見つけた子ども達は，身近にいる小虫と同じだという印象が強かったのだろう。家に帰ってからも，バッタやテントウムシ，アゲハチョウの幼虫などを見つけた子がいた。そして，翌日，うれしそうに虫かごを持ってきて友だちに見せていた。

「ぼくの家の庭におったんやで」
「公園で見つけた」
ときらきら目を輝かせながら友だちに話していた。

　園でのできごとと帰ってからの遊びが生活のなかでつながっているのだなと感じた。

2 草花遊びをとおして ——草花への興味・関心の高まり

　日頃，何気なく見ている草花である。しかし，子ども達はファンタジーランドから送られてきたソフトを見て，それが，たいせつな遊びにつながるものであることを知った。そして，自分たちも実際に遊んでみると，本当に，身近に咲いている花や草が遊び道具に変身するのである。

　草花遊びをとおして，子ども達は，
・草花が遊びの材料になる。
・友だちと誘い合ってすると，遊びがより楽しくなる。
・なかなかできなかったものができるとうれしくなり，自信につながっていく。
などのことを学んだ。

カタツムリをさわっている　　　　さなぎからアゲハチョウになり喜んでいる

3 子どもの興味を深める内容を　——気づく心を

　子ども達は，日々，生活のなかで，いろいろな生き物や自然と出会っている。しかし，気づかずにとおり過ぎてしまうことも多い。気づく心がなければ，まわりにすばらしい環境がととのっていても意味がない。子ども達の心に『気づく心』を育てることがたいせつである。

　そのためには，映像のなかで，実際のように生き物が動くようすを見ることは，子ども達にとってより興味をもってまわりの生き物に自分からかかわろうとする力を育てるのではないだろうか。

　子ども達の心を揺さぶり，興味を深める内容を考えていく必要があると考える。

（淀澤郁代）

2章　出会いⅡ　水辺の生き物を見つけよう

1 ●●● 保育計画：水辺の生き物にふれて

(1) 主題
水辺の生き物

(2) ねらい
水辺の生き物がどんなところに住んでいるのか興味をもち，見つけたり，親しみをもってさわったりする。

(3) 幼児の姿と遊び
　2年保育の年長になり，子ども達は，喜びと不安が入り交じった生活から，少しずつ落ち着いて遊ぶようになってきた。保育室で，前年度の大きい組さんが，育てていたメダカやザリガニ，サワガニの存在に気づき，「お水，かえてあげる」「餌，やりたいな」と関心を示し，行動に移した。しかし，「きれいなお水にかえてあげるからね」と水をかえるときに力加減がわからず，メダカをギュッとつかんでしまった。また，ザリガニやサワガニに「餌　あげたい！」と餌をあげたのだが，やりすぎて，気がついたときには，水がにごって死んでしまっていた。
　生き物への興味はあるが，かかわり方がうまくいかず，育てることのむずかしさを知った悲しいできごとだった。そんなとき，ファンタジーランドから贈り物が届いた。子ども達は，生き物への関心を高め，生命あるものにやさしくかかわる心が芽ばえ始めた。

(4) 保育計画（6月3日～6月14日）

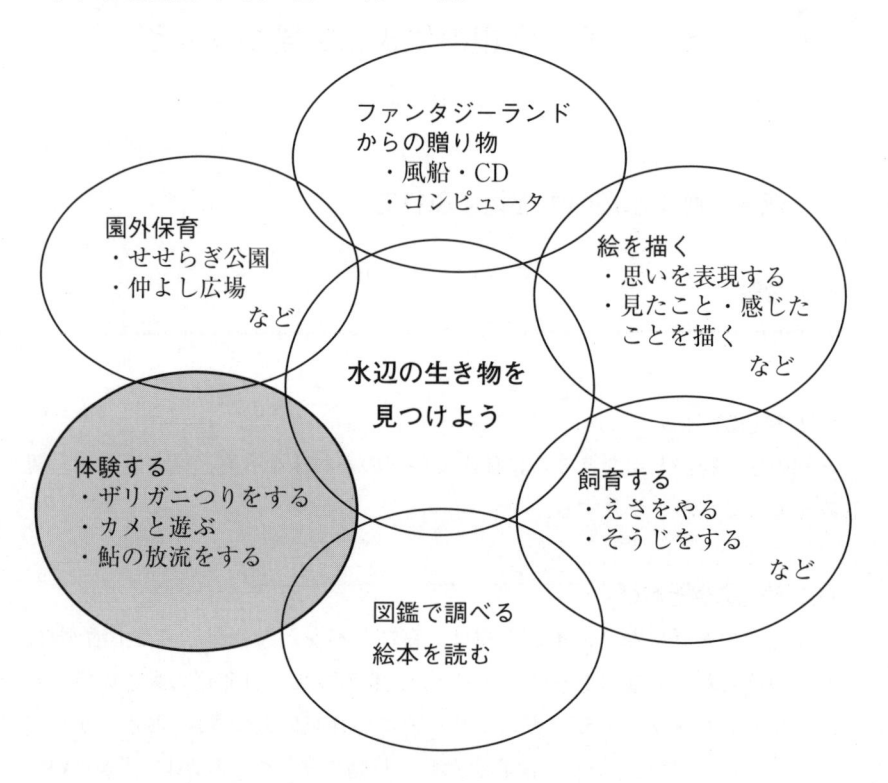

```
                    ファンタジーランド
                    からの贈り物
                    ・風船・CD
                    ・コンピュータ

     園外保育                            絵を描く
     ・せせらぎ公園                      ・思いを表現する
     ・仲よし広場                        ・見たこと・感じた
              など                        ことを描く
                                                    など
                    水辺の生き物を
                    見つけよう

     体験する                            飼育する
     ・ザリガニつりをする                ・えさをやる
     ・カメと遊ぶ                        ・そうじをする
     ・鮎の放流をする                              など

                    図鑑で調べる
                    絵本を読む
```

(5) 本時のめあて

・水辺の生き物を見つけたり，つかまえたりし，生き物に親しむ。

（年少4歳児）

・水辺の生き物に興味をもち，実際に見つけたり，つかまえたり，さわったりし，遊びのなかで生き物のありようを体験的に感じとる。　　　（年少・年長）

●● 2章 ●● 出会いⅡ　水辺の生き物を見つけよう

(6) 本時の保育展開

流れ	予想される幼児の活動	指導と援助	環境
動機づけ ↓ 出会い ↓ ファンタジーランドへの思い ↓	○CDをコンピュータに入れて遊ぶ。 ・水辺の画面を見たり、遊んだりする。 ＊川の中にある岩の下部分をクリックする。 ↓ ＊はさみをふり上げたザリガニが出てくる。 ＊川の中の左端にある岩をクリックする。 ↓ ＊カメが出てきて、もう一度クリックすると川に入る。	○自分たちで、コンピュータを立ち上げ、CDを入れるようすを見守る。 画面上の石をクリックする ザリガニが出てくる 画面左下の石をクリックする カメが出てくる	うわー ザリガニ おこっとう！ カメや。 ようちえんにも おるなー。

流れ	予想される幼児の活動	指導と援助	環　境
ファンタジーランドへの思い　→　イメージ化　→　生活化	○ザリガニ釣りをする。 ザリガニ釣りをしている ・ザリガニを釣る方法を考え、話し合う。 ・ザリガニを釣る道具を準備する。 　糸 　割り箸 　ちくわ 　するめ 　　　　など ・ザリガニ釣りをする。 ザリガニが釣れ、嬉しそう	M男：全然釣れへんなー。 先生：なんでかなあ？ M男：（糸が）動くんや。 なかなか釣れない つれた。 つれたでー。	○幼稚園の「カメ池」でザリガニ釣りができるように、カメをたらいに移しておく。 ○カメ池のまわりに置いているプランターをのけておく。 ○ザリガニについて調べられるように、「ザリガニの育て方」が詳しくのっている図鑑を置いておく。

2 ●●● 保育の実際の展開

(1) 水辺の生き物への関心の高まり
1 ザリガニ釣れた！ ──試行錯誤の子ども達
①はさみ, 大きいなあ。 ──新たな気づき

ファンタジーランドから送られてきたCDのなかには, 大きなザリガニが隠れている。子ども達は, その大きなザリガニに興味をもち, 画面からザリガニが出てくると「ウワーッ」と歓声をあげていた。

CDの画面を見て, 自分たちが飼育しているザリガニを見に行った子どもがいた。『さわってみよう』。手をもっていくと, ザリガニは, はさみをふり上げ, まさに, 画面で見たザリガニそのものだった。そして,
「大きいはさみやなあ」
とあらためてじっくり見てその大きさに気づき, 驚いていた。ザリガニをつかむことができた。

ザリガニをつかむことができた

②ザリガニ 何食べるんやろ？
　　──探究心の芽ばえ

6月のある日, 幼稚園のカメ池でザリガニ釣りをすることになった。これは, CDを見た子ども達のザリガニへの興味の高まりとザリガニ釣りの体験をさせてやりたいという願いからの場面設定であった。ザリガニを釣るには, しかけがいる。しかけというのは, ザリガニを釣りあげるための餌のことだ。
「ザリガニ, 何食べるんやろ」
　子ども達は, 図鑑で調べた。
「するめやて」
「ちくわも食べるで」
　子ども達は, ザリガニがするめやちくわを食べるということを知った。興味をもつことが, わからないことを調べようとする探究心を育てるということがわかる。

③ザリガニ　釣れたよ！　──体で感じる

　CDのなかに登場するザリガニとは，どんな生き物なのか。どんなところに住み，水の中で何をしているのか。ザリガニ釣りが始まった。子ども達は，ちくわのついた糸を池にたらし，ザリガニが釣れるのを待っている。ザリガニは餌にくいついてこない。

「もう，全然つれへんわ」
と不満を言いだす子もいた。が，根気よく，糸を持っている。
「泳いどう」
「歩いとう」
　ザリガニをしっかり見つめる。
「ヤッター！　ザリガニ釣れたよ」
と歓声があがった。

ザリガニを釣ったE子

2　カメさん　かたいなあ。アッ，ツメもある！　──新しい発見

　ファンタジーランドからの贈り物が届いた日，画面の中で，カメが岩を登り，ポチャンと川にはまった。そのようすを見て，『幼稚園のカメは，どうしているのかな』と気になったようだ。子ども達は，大きなカメが住んでいるカメ池に行ったり，飼育ケースで飼っている生まれてまだ1～2年の小さなカメをさわりに行ったりした。そのとき，
「カメの背中，かたいなあ」
「アレー，足にツメがある！」
とびっくりしていた。今まで，何度もカメの横を通ったり，見たりしていたが，そのときには，気がつかなかった。今回，

カメをさわっている子ども達

興味をもってカメを見たことで，甲羅がかたいことやツメがあることを発見した。課題意識をもって見，さわってみることのたいせつさを感じた。

3　カエル当番しよ！　──自分たちで役割を決めて

①カエル　つかまえたで

　子ども達は，ファンタジーランドから送られてきたCDの画面上で，カエル

●● 2章 ●●出会いⅡ　水辺の生き物を見つけよう

が川を気持ちよさそうに泳いだり，ピョンピョンはねたりするようすを見た。園庭でカエルを見つけると，飼育ケースに入れるようになった。友だちのように思ったのだろう。飼育ケースには，カエルが休憩できるように大きな石と葉っぱを入れ，『泳げるように』と水も入れてやった。カエルを見て，

「泳いどう」

「座っとう」

画面上でカエルが泳いでいる

と興味をもって眺めていた。カエルに興味をもった子ども達は，カエルを見るとつかまえ，飼育ケースの中に入れるので，仲間はどんどんふえていった。

　②カエルの水，かえたろか

　子ども達は，「12匹になったで」と飼育ケースに仲間がふえることをとても喜んでいた。そんなある日，飼育ケースの水が汚れていることに気づいた。コンピュータ画面上のファンタジーランドの川はとてもきれいな水色だ。飼育ケースの水は赤茶色になっている。『これでは，カエルがかわいそう』と思ったのだろう。自分たちで，「水，かえたろうな」と飼育ケースを洗い，水をかえていた。きれいな水になると，カエルは気持ちよさそうである。ますます，カエルをかわいいと思った子ども達は，自分たちで，カエル当番を決めて水をかえるようになった。

(2) 水辺の生き物にふれて

1　水辺の生き物をさわってみるという経験から ──**体験からの気づき**

　子ども達は，ザリガニは何を食べるのかを調べ，釣り始めた。しかし，簡単には釣れず，「釣れない」「どうしたら，釣れるのだろう」という悩みにぶつかった。そのつまずきは，自分で解決するしか方法はなかった。自分が釣りたいという思いを満たすには，どうにかして自分で釣るしかないのである。そのひとつの方法として，じっとして餌を揺らさないことに気付いた。そして，釣っ

Ⅲ部　実践例の紹介

ザリガニを釣ったＡ子

みんなでザリガニ釣り

カメを興味深く見ている

た喜びを味わったのである。

また，カメを見ているときには気づかなかったが，さわって初めて「爪がある」と気づいた子どももいた。

子ども達にとって，生き物に「ふれる」体験は，いろいろな気づきにつながる必要体験といえるのではないだろうか。

2　場・時間の保証を　――納得のいくまでかかわって

子ども達が，『やってみよう』と試行錯誤をくり返しているときや興味をもったものに集中しているとき，途中で「はい，もう終わりにするよ」と思いを断ってしまうのでなく，納得のいくまで場や時間を保証することがたいせつだと思う。そのうえで子ども達を認め励ましたり，見守ったりすることもたいせつな保育者のかかわりであるといえよう。

3　子ども達にとってたいせつなこと
　　――現実の生活での体験につながる内容を

現代の子ども達は，人工的な加工品で遊ぶ機会が多い。その遊びにおいても，いろいろな体験をするが，それは，「ヴァーチャル」といわれている種類のものがふえてきているように思う。

幼児期の子ども達にとってたいせつなのは，体の五感（視覚，聴覚，嗅覚，味覚，触覚）をとおして，かたいものをかたいと感じ，やわらかいものをやわらかいと感じる経験を積み重ねることではないだろうか。子ども達の現実の生活において，体験につながる内容をソフトのなかに組み込んでいくことがたいせつである。

（淀澤郁代）

3章 水遊び

1 ●●● 保育計画：水と仲よしになろう

(1) 主題
水遊び

(2) ねらい
川の生き物に関心をもったり，水の感触を味わったりしながら自然や水に対する親しみを深めたり，プール遊びへの意欲をもったりする。

(3) 幼児の姿と遊び
　6月も半ばになってくると，日増しに暑くなってきて，子ども達の遊びも水を使った遊びが多くなってきている。しゃぼん玉遊びをしたり，空容器で水鉄砲遊びをしたり，舟をつくって浮かばせたりして遊び，少々体に水がかかっても平気で遊ぶようになってきた。

　そして，プール遊びが始まると，最初は水がこわかったり，水がかかるのがいやだった子どもも毎日入ることでしだいに水に慣れてきている。シャワーも平気になり，友だちと水のかけ合いをしたり，水の中で追いかけごっこをしたりして，水しぶきが顔にかかっても平気になってきている。

(4) 保育計画（6月20日～7月18日）

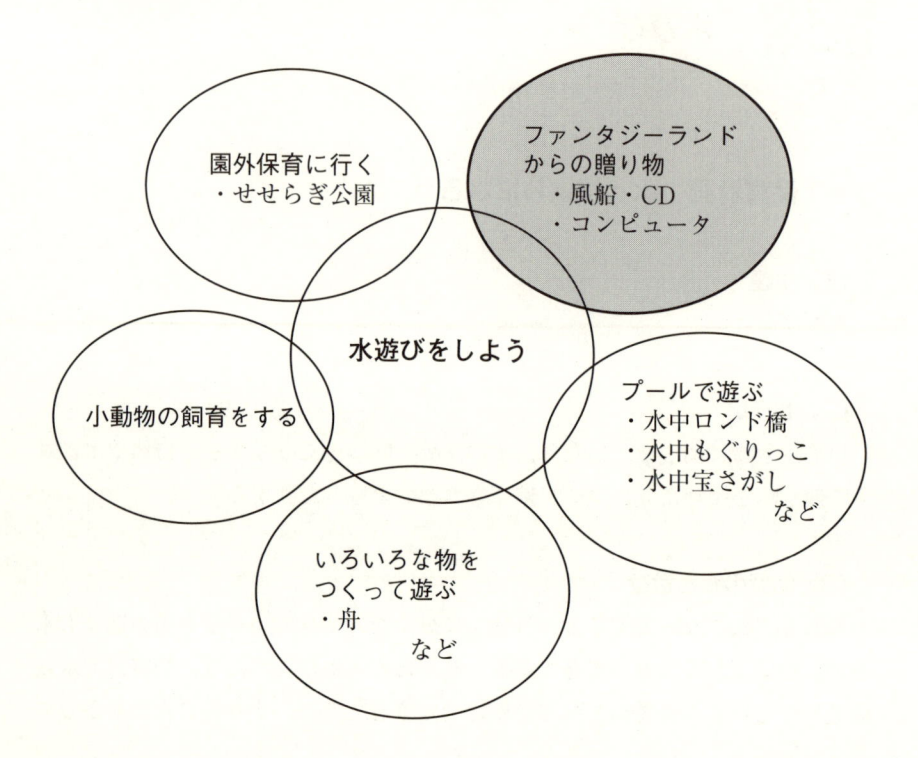

- 園外保育に行く
  - せせらぎ公園
- ファンタジーランドからの贈り物
  - 風船・CD
  - コンピュータ
- 水遊びをしよう
- 小動物の飼育をする
- プールで遊ぶ
  - 水中ロンド橋
  - 水中もぐりっこ
  - 水中宝さがし　など
- いろいろな物をつくって遊ぶ
  - 舟　など

(5) 本時のめあて

- ファンタジーランドからの贈り物を喜び，CDの内容に関心をもって見たり，友だちといっしょに遊んだり，思いを伝え合ったりする。
  　　　　　　　　　　　　　　　　　　　　　（年少4歳児・年長5歳児）
- 水辺の生き物たちに思いを寄せ，水遊びやプール遊びを楽しんだり意欲をもったりする。
  　　　　　　　　　　　　　　　　　　　　　（年少4歳児・年長5歳児）

(6) 本時の保育展開

流れ	予想される幼児の活動	指導と援助	環　境
動機づけ　↓　ファンタジーランドへの思い　↓	○登園する。 ○贈り物（CDの入った包み）を見つける。 ○CDをコンピュータに入れて，ソフトを見る。 つぶやき 「かわいい声やな」 「どこへいくんやろ」	○前回とは違った方法で贈り物が届くようにし，子ども達との出会いに変化を与えるようくふうする。 ○見つけた贈り物が一部の子ども達だけのものにならないように，多くの子ども達の活動へと広がっていくように配慮する。 ○水遊びに関心をもって見られるようにはたらきかける。	○CDの入った包みを植え込みの中に自然な形で置いておく。

パルとプルルから手紙が届いたよ

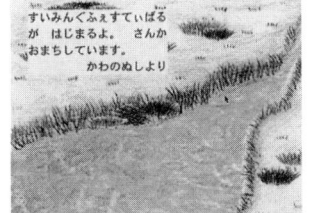

パルとプルルからの手紙を読んでいる

川の主からの手紙

流れ	予想される幼児の活動	指導と援助	環　境
イメージ化 ↓	＜下流での遊び＞ ・もぐりっこ ・泳ぎっこ ・シンクロナイズドスイミング "泳ぎっこ"では「カエルさんがんばれ！」と自分が勝ってほしい生き物に大きな声援を送り，応援をする。そして，勝負の感動を味わう。	○CDをたいせつに扱い，みんなでゆずり合って見られるよう言葉かけをする。 ○画面と一体になって応援していることに共感する。	○みんなが見られるように場所的なことに配慮する。 生き物たちが下流に向かっている 生き物たちがおよぎっこしようとしている
生活化 ↓	○プール遊びをする。 ・もぐりっこ ・ジャンケン遊び もぐりっこをしている生き物たち	○いっしょに数を数えながらもぐったり，どちらが長くもぐれるか競争したりして，楽しんでできるように励ます。	○遊びに使えるようにフープを準備しておく。 フープくぐりをしている子ども達

●● 3章 ●● 水遊び

2 ●●● 保育の実際の展開

(1) 水遊びやプール遊びへの関心の高まり

1 「あっ，何か流れてきたで」 ──初めて笹舟をつくる

"水遊びのソフトウェア"で，笹舟が流れてきているのを見て，そのことに興味をもった子どもは，「あれ何？ どうやってつくるん」とたずねると，「あれ舟やで」と言う子がいて教えてくれた。それから，いっしょに園庭に出て，笹舟がつくれそうな素材をさがし，笹を見つけると，さっそくそれでいっしょにつくってみた。やっとできあがると，たらいの中で浮かばせてみていた。

初めてつくった笹舟

2 「舟をつくろう」と製作コーナーへ ──パルとプルルに見せよう

ファンタジーランドのパルとプルルからの贈り物の笹舟を見て，船に関心をもった子どもは「パルとプルルはどんな船つくったんかな？」「ぼくもつくろ」「パルとプルルに見せてあげよ」と製作コーナーへ行き牛乳パックや発泡スチロールなどを取り出し，縦につないだり横に並べたりして，組み合わせ方を考えてつくっていた。

廃材を使ってつくった舟を浮かばせている

3 「もっとかっこいい船をつくろう」
──パルとプルルの船と浮かばせっこしたいなぁ

「旗つけたらええな」「乗る所つくらなあかん」「先，とがっとうな」「どうやってつくろうかな」と友だちと相談しながら年長児がつくっているのを見ながら，「これ（フィルムケース）旗の棒にしよう」と言いながら友だちと協力してつくっている。「この船とパルとプルルの船で浮かばせっこした

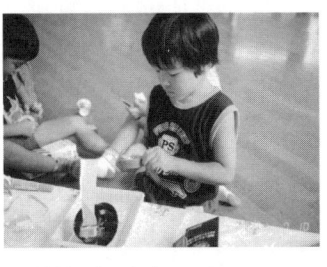

材料を考えて舟をつくっている

123

いなぁ」と船づくりにくふうを重ねていた。

4 「先生，見とってよ」（年少児） ——喜びを友だちに

プール開きをして3日後のある日，
C1：「先生，見とってよ」
と顔つけをする。
保育者：「C1ちゃん，すごい！ お顔が水の中にかくれんぼしちゃったよ」
（そばで見ていたC2が）
C2：「C1ちゃん，もう1回して」
とリクエスト。
（C1がもう一度してみせる）
C2：「C1ちゃんすごーい！」
（C1ははにかんだようすだが嬉しそう）
C1：「C2ちゃんもしてみ」
と言って，C1がC2の手を持って引いてあげている。自分ができた喜びを友だちにも味わわせてあげたいという思いだったのだろう。

「水って気持ちいいなあ」

「ぼくが手を持ってあげるよ」

5 プールの中で「ロンド橋落ちる」の遊び ——自分でリクエストして

プールの中にフープを持ち込み，半分沈めトンネルをつくると，フープの前に行列ができ，その下をくぐり始める。そうすると，だれからともなく"ロンド橋落ちる，落ちる，落ちるー"の歌声が聞こえ，列をつくっている子ども達がみんないっしょに歌いだし，次々と子ども達がふえていった。
「もうちょっと上へあげて。いくで！」
と思いきってフープの下をくぐる子。
「もうちょっと上げて。よっしゃ，それでええ」

「よーし，行くぞ！」

と言って，フープの下をもぐる子。
「もうちょっと下ろして」
と言って，ザバッともぐる子。
　それぞれ自分ができそうな状態をリクエストしながら挑戦していた。

(2) 水遊びとの深いかかわりにつなげて
1　一歩が踏み出しにくい子どものために　——やってみたいと思える内容で
　CDのソフト内容や画面から刺激を受け，自分もやってみようとしたり，それを見て実際にやっている友だちのようすを見て意欲的に取り組もうとする子どももいる。
　しかし，しようと思ってもなかなか自分だけの力ではできない子どももいるので，そのような子どもが「ぼくもやってみたい」「私もする」という気持ちが湧いてくるように刺激的な素材を考えたり，子どもの気持ちを理解し，状況に合った内容を幅広く考えていく必要がある。
○笹舟だけでなく，いろいろな素材でつくった船や，いろいろな種類の船を出す。
・木でつくった船　・発泡スチロールでつくった船　・空き容器でつくった船
・モーターボート　・漁船　・客船　・潜水艦　など
○それぞれの船によって，行き先や遊びの内容が変わるようにする。
・漁船——魚とり　・モーターボート——滝くぐり　など

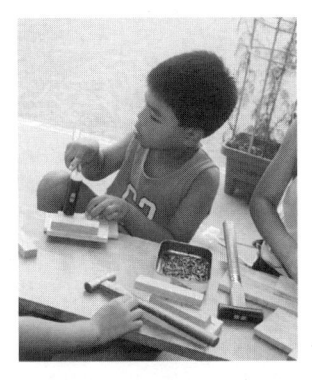

木片をつかって舟をつくっている　　　　魚釣りを楽しんでいる

2　子ども達の思いとピッタリ合うソフト内容を　──発想を豊かにして

○一人ひとりが関心をもっていることを把握する。
　　　↓
ソフトづくりに活かす。
　　　↓

①舟づくり　→　いろいろな材料でつくった船を浮かばせる。
　・草原にころがっている物をクリック
　　　例：空缶──空缶の船，木片──木の船　　など
②魚とり　→　メダカやフナなど，川にいる魚を網でとる。
　・漁船をクリックすると魚がいっぱい泳いでいるところへ行く。そこで，網が出てきて自分で操作して魚とりをする。
③滝くぐり　→　水をかぶっているとき「いやだよ！」とか，うまくくぐれたとき「やった！」など声も入れて感動をより大きなものにしていくくふうをする。

（井口貴久美）

4章 交信 パルとプルルに会えるよう七夕様にお願いしよう

1 ●●● 保育計画:七夕会をとおしてさらに膨らむファンタジーランドへの思い

(1) 主題
七夕会

(2) ねらい
日本の伝統行事(七夕)について関心を深め,みんなで七夕をして楽しむ。

(3) 幼児の姿
　七夕会が近づいてきたある日,笹を用意しておくと,折り紙でつくった飾り物をつけたり,保育者や友だちと話題にしながら七夕の笹飾りを楽しんでつくるようになった。短冊に願いごとをかいているとき,S児が「ファンタジーランドのパルとプルルにあえたらええのになあ」と言ったことから,共鳴する子が次々とふえてきたので,グループでパルとプルルへの思いを書くことになった。

(4) 保育計画（6月30日～7月19日）

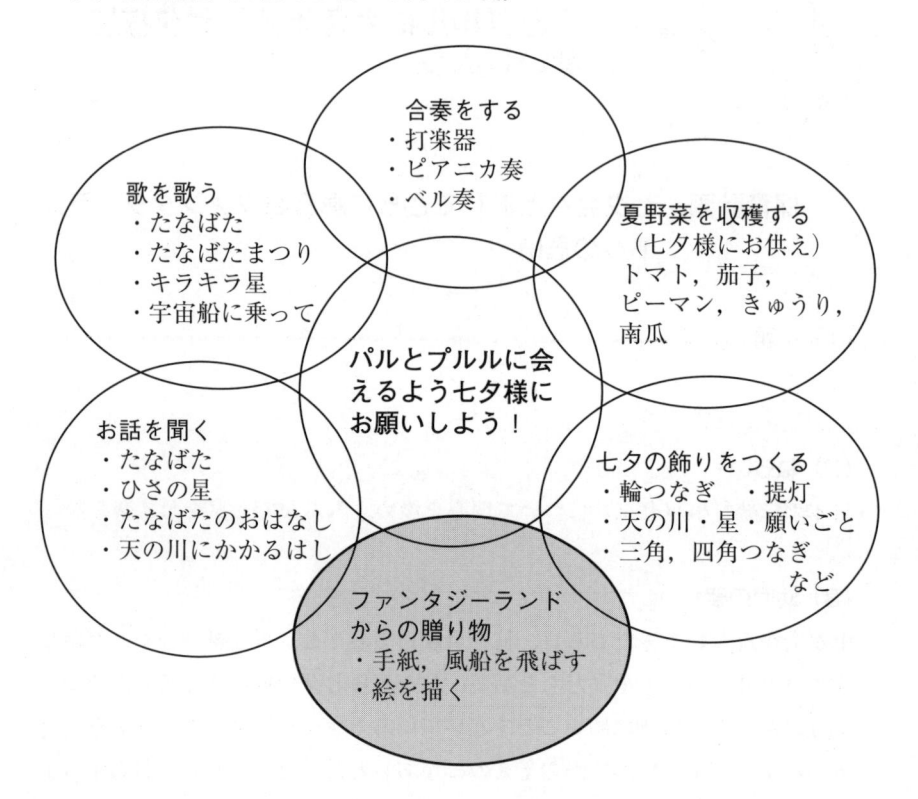

- 歌を歌う
  - たなばた
  - たなばたまつり
  - キラキラ星
  - 宇宙船に乗って

- 合奏をする
  - 打楽器
  - ピアニカ奏
  - ベル奏

- 夏野菜を収穫する
  - （七夕様にお供え）
  - トマト，茄子，ピーマン，きゅうり，南瓜

- パルとプルルに会えるよう七夕様にお願いしよう！

- お話を聞く
  - たなばた
  - ひさの星
  - たなばたのおはなし
  - 天の川にかかるはし

- 七夕の飾りをつくる
  - 輪つなぎ　・提灯
  - 天の川・星・願いごと
  - 三角，四角つなぎ　など

- ファンタジーランドからの贈り物
  - 手紙，風船を飛ばす
  - 絵を描く

(5) 本時のめあて

- パルとプルルに思いを寄せてかいた手紙（絵）が，ファンタジーランドに無事届くよう願いを込めて風船を飛ばす。　　　（年少4歳児・年長5歳児）

(6) 本時の保育展開

流れ	予想される幼児の活動	指導と援助	環　境
ファンタジーランドへの思いを表現 → 行動化	○短冊に願いごとを書く。 S児が「パルとプルルに会えたらええのになあ」 「これ（短冊）に書く」 ↓ 次々と友だちが集まってきたので，子ども達の思いを短冊に書くことにする。 ○グループでパルとプルルへの思いをかく。 ・たずねたいこと ・知りたいこと	○今，がんばっていることや，こうなったらいいなと思うことを，文字や絵など自分なりの方法で表現する。 ○子ども達がファンタジーランドのパルとプルルにどんな思いをもっているかを知る。	○色鉛筆や便箋などを用意しておく。

ぱるとぷるるにあえますように
NSEEFKY児

ふぁんたじーらんどにいけますように。ふうせんがいっぱいあるんですか？
RSKEIHM児

またふぁんたじーらんどのCDでいっぱいあそべますように。
NTKEFSO児

またちがうふうせんとCDがとどきますように。つぎは，ちがうふうせんのいろがいいです。
SNEKHTI児

ロッパーグせんせいみたいにこないから，ふうせんでおてがみとばしたい。ふぁんたじーらんどにとどきますように。　うめぐみのみんなより

友だちとしての存在
・子ども達にとって，パルとプルルは友だちみたいな存在であるようだ。
・また，送ってもらうCDをとても楽しみにしていることがわかった。ますます内容の中身がたいせつになる。子ども達の期待にそえるものを考えていきたいと思う。

Ⅲ部　実践例の紹介

流れ	予想される幼児の活動	指導と援助	環　境
広がり　↓　実践　↓	○パルとプルに手紙をかきたい子がふえる。 ○他のクラスにも広がる。 ・手紙を書く。 ・絵を描く。 ・折り紙をつくる。 （Aちゃんといっしょにかこう。） ○風船に手紙をつけて飛ばす。 ・遊具の上に登り見守る。 ・手をふる。 ・いつまでも 子どものつぶやき ・「ぜったいファンタジーランドについてね」 ・風船が飛んでいったほうを見て「ファンタジーランドはあっちや」 ・「風さんはファンタジーランドの家知っとんや」	○自分なりの表現で思いを表す。 ○子ども達の思いが入った手紙が無事にパルとプルに届くよう願う。 ○風船に願いを託し，風船が見えなくなるまで手をふった。	（ぱるのぱはどうかくの？）

130

2 ●●● 保育の実際の展開

(1) 子どもの思いの広がり

1 再び手紙を

七夕の短冊に願いごとを書いたが,子ども達にとってはまだまだ思いが書きたりないので,手紙に書いて飛ばすことを考え出した。

○子ども達のつぶやき

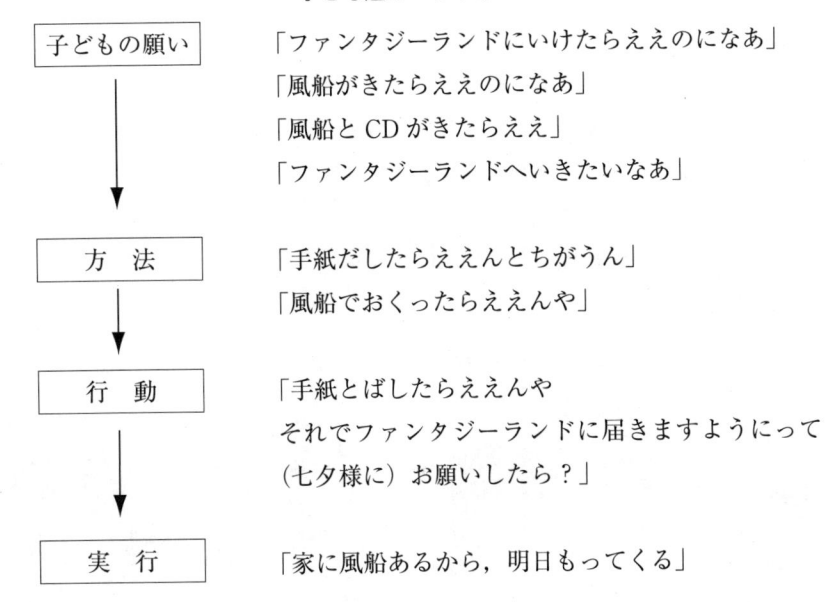

子どもの願い	「ファンタジーランドにいけたらええのになあ」 「風船がきたらええのになあ」 「風船とCDがきたらええ」 「ファンタジーランドへいきたいなあ」
↓	
方　法	「手紙だしたらええんとちがうん」 「風船でおくったらええんや」
↓	
行　動	「手紙とばしたらええんや 　それでファンタジーランドに届きますようにって 　(七夕様に) お願いしたら?」
↓	
実　行	「家に風船あるから,明日もってくる」

みずからの行動として

　今までは,ファンタジーランドからのCDや手紙が一方的にくるだけで満足していたが,今回のことをとおして子ども達は行動を起こそうとしている。たいへんな進歩であり,ファンタジーランドの世界との交信を考えていることに感動させられた。

2 自分なりの表現で

自分たちの思いをファンタジーランドのパルとプルルに伝えたいという思い

から積極的にわからない文字は，友だちにたずねたり，家庭でも教えてもらったりして書いた子もいた（年長児）。

3 子どもの思いがあふれて

年少児は，絵を描いて表現する子が大半であった。一人ひとりのファンタジーランドのパルとプルルへの思いがあふれていた。また，折り紙で朝顔ややっこさんなどをつくり，送ろうとした子もいた。

4 パルとプルルも見ててくれる

七夕会当日は参観日を計画していた。歌を歌ったり，ピアニカ奏，ベル奏など合奏したりする予定であった。

A児：「パルとプルルもどこかで見てくれとうかなあ」
保育者：「Aちゃんはどうおもう？」
A児：「見てくれてるとおもう」
保育者：「先生もそう思うわ。がんばってね」
A児：「うん」

てがみをかいたよ　　　　　　　　　七夕会当日

いつもいっしょなんだなあ

子ども達の心には，いつもパルとプルルがいて"いつもいっしょなんだなあ"と思った。この思いは後の園生活や行事をするときも，もち続けていた。園生活の思い出のなかにしっかりとパルとプルルも入っていることを感じた。

4章 交信 パルとプルルに会えるよう七夕様にお願いしよう

5　パルとプルルに送った手紙・絵

> 気づいたこと
>
> 　子ども達がファンタジーランドのパルとプルルにさまざまな思いをもっていることがわかった。
> 　パルやプルルからの手紙やCDを見て，自分たちの生活に活かしたり，励みにしていることがわかった。

また　あそぼうね
ぱるとぷるる　かぜをひかないでね

ぱるとぷるる
おともだちになりたいなあ

ふうせんとてがみ　ありがとう
ぱるとぷるる　また　はんだよ
うちえんにきてね

(2) パルとプルルに手紙が届いた

1　いろいろなくふうをし合って

　青・黄・赤の風船を見つけたときの子ども達の喜びは感動的であった。
・「長い階段あったらいいんや」と，脚立を倉庫前で見つけ，「先生あった」

133

Ⅲ部　実践例の紹介

風船を見つけた子ども達　　　　　脚立を使って取ろうとする

と言う子。
- 玉入れの玉を投げて取ろうとする子。遊具の上から風船手紙をめがけて投げる子。
- そばにあった散水用のホースを投げて取ろうとする子。水を出したらいいと言う子。
- 初めは脚立の場所も考えずに置いていたが，位置を考えるようになった子。
- 棒があったらいいことに気づき，竹馬の棒をもってきて，脚立の上のM児に渡す子。
- 踏み台になるテーブルをもってくる子，イチョウの木によじ登ろうとする子や，保育者におんぶしてもらい木に登ろうとする子。

┌─ 知恵を出し合って ─────────────────┐

　身近な道具を利用して，自分たちでなんとか取ろうとする子ども達の気迫を感じる。子ども達がここまで集中したのは，それだけファンタジーランドからの手紙を心待ちにしていたのではないか。夏休みの前にみんなで飛ばした手紙が，本当にファンタジーランドに届いていたのか知りたかったのだと思う。

2 子どもの心に届く内容に

今回のメッセージを送るにあたり，保育者は次のように考えていた。

当初の考え ①間接的な文字表現のむずかしさ。 ②子どもの思いにこたえる表現であること。 ③子どもは手紙を送ることで交信できる。	→	遊びが高められる内容を！ ○メッセージで何を伝えるのか ・指導の中身がたいせつである。 ・教師の指導性が問われる。 ○遊びにいい刺激を与える内容であることがたいせつであると気づいた。

以上の反省から，今回のメッセージでは次の課題の提示につながらなかったので，2回に分けてメッセージを入れた。

9月12日にメッセージ①を入れる。

> メッセージ①
> 　はんだようちえんのおともだち
> こんどはCDを4まいおくったよ。もうすぐつくから　かならずみてね。
> 　　　　　　　　　　　　　ふぁんたじーらんど　ぱるとぷるる

9月14日にメッセージ②を入れる。

> メッセージ②
> 　はんだようちえんのおともだち
> CD 4まい　ちゃんととどいたかな？　もうみてくれた？
> 　　　　　　　　　　　　　ふぁんたじーらんど　ぱるとぷるる

(永井和代)

5章 冬の遊び

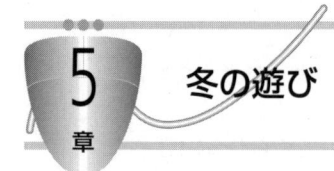

1 ●●● 保育計画：お正月遊びと伝承遊び

(1) 主題
冬の遊び

(2) ねらい
お正月遊びや昔からの伝承遊びを知り，興味をもって楽しく遊ぶ。

友だちといっしょに実際に遊び道具を使って楽しんだり，遊びをつくり出したりする。

(3) 幼児の姿と遊び
冬休みが終わり家庭でクリスマスプレゼントとしてもらったカルタやこまを使って遊んだ子ども達は，園でも友だちを誘って2〜3人（4〜5人）のグループで遊んでいた。それぞれ知っている子どもがルールの説明をしながら教え合って進めていた。ほかにもすごろく遊びやトランプ遊び，凧上げ，お手玉，編み物などの遊びもあることを知らせ，いっしょに遊べるようにしたいと願っていた。

5章 冬の遊び

(4) 保育計画（1月8日〜2月10日）

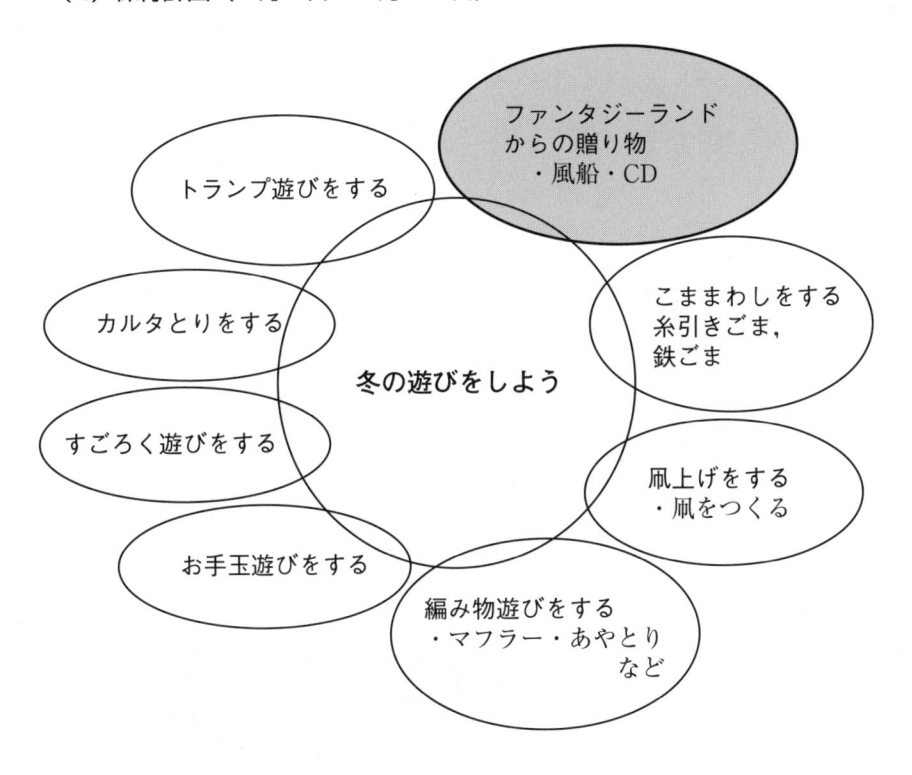

- トランプ遊びをする
- カルタとりをする
- すごろく遊びをする
- お手玉遊びをする
- 編み物遊びをする
  ・マフラー・あやとり
  　　　　　　　　など
- 凧上げをする
  ・凧をつくる
- こままわしをする
  糸引きごま，
  鉄ごま
- ファンタジーランドからの贈り物
  ・風船・CD

（中心）冬の遊びをしよう

(5) 本時のめあて
- いろいろなお正月遊びや伝承遊びに関心をもち，友だちとかかわりながら遊びを楽しむ。　　　　　　　　　　　　（年少4歳児・年長5歳児）
- ファンタジーランドからの贈り物に関心をもち，楽しんで見たり，遊んだりする。　　　　　　　　　　　　　　　（年少4歳児・年長5歳児）

（6）本時の保育展開

流れ	予想される幼児の活動	指導と援助	環　境
動機づけ　↓　ファンタジーランドへの思い　↓　動機づけ	○登園する ・持ち物の整理をする ○風船を見つける ・風船を取る。 ・CDを取る。 ・手紙を読む。	○元気に朝のあいさつをしながら，子ども達の状態を把握し，風船に気づくようにはたらきかける。 ○風船とCDが一部の子どもの発見に終わるのではなく，たくさんの子どもが気づくように言葉をかける。 ○子ども達がくふうして取っている姿に共感し，認める。 ○風船を取る時には安全面に配慮する。	○たくさんの子どもが風船やCDを見つけられるように4か所につけておく。
	風船をとることができ，大急ぎでみんなに知らせているところ		
	○CDをコンピュータに入れ，ソフトウェアで遊ぶ。 ・カルタとり ・すごろく ・こままわし 　　　　　など	○子ども達が関心をもって見ているところを把握し，共感する。	○みんなが見えるように場所に配慮する。

流れ	予想される幼児の活動	指導と援助	環境
広がり ↓ 生活化 ↓	「ここ押さえて」 「今度『う』にして」 「次は『こ』やで」 とそれぞれ自分の名前に出てくる文字を言う。 「次はなんぼが出るかな？」 「あっ，2や」 画面上を指で押さえて進んでいく。 ○お正月遊びをする。 ・カルタ取り ・すごろく ・こままわし ・凧上げ 　　　　　など		

「カルタとりをするよ」

すごろく遊びで2がでたところ

	○実際にやってみようという気持ちを受けとめ，すぐできるようはたらきかけていく。 ○子ども達が興味をもって取り組んでいるようすを見守りながら，必要に応じ，援助していく。	○子ども達がしたいお正月遊びがすぐできるように，材料や用具，道具などを整えておく。

CDを見て，こままわしを始めた子ども達

2 ●●● 保育の実際の展開

（1）お正月遊びに対する関心の高まり

1　鉄ごまに挑戦　——キュッとかたく巻くんやで

友だちどうしで長くまわしっこをしている

　年長児，4，5人がファンタジーランドからの贈り物のソフトを見て，鉄ごまに挑戦し始めた。それを見た年少児の一人が糸引きごまを持っていって，そばでじっとみている。むずかしそうだが，いろいろなまわし方ができておもしろそうに見えたようである。
　翌日，その年少児は家から姉の鉄ごまを持ってきて，年長児のそばでいっしょにしているが，ひもがなかなかうまく巻けない。それを見ていた年長児が「こうやってひもを持って，キュッとかたく巻いていくんやで」と実際にしてみせてくれた。年長さんが教えてくれたようにやってみるがなかなかうまくいかない。でも，あきらめずに何度もやってみていた。そのうち，なんとかひもが巻けるようになり回してみた。すぐに止まってしまい失敗。でも，まわせるようになりたいという気持ちが強く，年長児に交じって挑戦していた。

2　「私も編み物したい」　——年長児に教えてもらって

　ファンタジーランドからの贈り物が届いてから女児のなかで編み物が大流行しだした。とくに年長の女児がしている，指を編み棒の代わりにして編む編み方に年少の女児も興味を示し，そばで一生懸命見ながら覚えていた。わからな

年長児が年少児に編み方を教えている

くなると，年長児が「こうして，ここへ毛糸をかけるんやで」と手をとって教えてくれていた。最初は目もふぞろいで，なかなかうまく編めなかった年少児も，毎日毎日幼稚園に来ては編み物コーナーへ行き，編んでいた。どんどん長く編めると「これ，お母さんにおみやげに持っ

て帰るんや」とニコニコとして首に巻いてマフラーにしていた。年少児も自分で編み物ができるようになり，大満足のようすだった。

3　生活発表会につなげたすごろく遊び　——おむすびころりんのお話を

生活発表会に「おむすびころりん」のお話を取り上げようと考え，お正月明けに遊びとしてのお正月遊びのすごろくに，そのお話の題材を取り入れてつくった。すごろく遊びをファンタジーランドの贈り物のなかに入れ子ども達に与えていった。すごろく遊びのおもしろさを味わうことからおむすびころりんのことも頭に残り，お話を取り上げて遊ぶのにスムーズに入っていった。すごろく遊びをおじいさんとおばあさんが始め，途中でネコやネズミも出現し，お話の雰囲気に親しみながらすごろく遊びが楽しめるようにしていった。

「おむすびころりん」のお話のすごろくがCDで届いたよ　　　　オリジナルのすごろくをつくる

4　「みんなに見てもらいたい」——発表の場を設ける

3学期に入り，ファンタジーランドからの贈り物が届き，いっそう，それぞれの伝承遊びに興味をもった子ども達は，もっとできるようになりたいという気持ちになり，毎日毎日，自分の目標に向かって取り組む姿がみられるようになってきた。編み物に興味をもった子は，どれだけ長く編めるか長さを楽しみ，折り紙に興味をもった子は次々といろいろな折り方に挑戦し，レパートリーをふやしていくことに楽しみをもち，けん玉に興味をもった子は，お皿の部分に乗せることから，最後はいちばんむずかしいとがった先に入れることにも意欲をもちだしたりした。それぞれが自分の目標とすることがほぼ達成できたときには，「友だちや家の人に見てもらいたい」という気持ちがつのり，生活発表会で大勢の人たちに見てもらう機会をもった。じょうずにできるようになったお手玉を見てもらい，できたという喜びと，みんなに見てもらった満足が大き

な自信につながっていった。

（2）お正月遊びや伝承遊びとの深いかかわりにつなげて

1　お正月遊びをあまりしなくなった子ども達に遊びの体験を

　冬休み中にカルタ取りをしたり，トランプ，すごろく，こままわし，凧上げなどを家族でいっしょに楽しむということが，最近，少なくなってきているため，これらの遊びをあまり知らない子ども達にぜひ，これらのお正月遊びの楽しさを味わわせたいと思い取り上げた。

　遊びの種類として子ども達が関心をもつような内容をすべてあげていくほうが，それぞれの子どもに合った遊びが選べてよいと思った。凧上げ，トランプ，絵カード合わせなども取り入れたほうがよかった。

2　CDのソフトづくりで　――わくわく，どきどき感が味わえるように

　これからソフトウェアをつくっていくうえで，子ども達がより興味・関心をもって遊びや生活を高めようとする意欲へとつながっていくソフトの内容を考えていく必要がある。

・カルタ取り――自分で動物を選び，その動物がふだを見つけて取るようにする。
・こままわし――ひもの巻き方がじょうずにできたときピンポンと鳴る。
　　　　　　　　ひもの巻き方がうまくなかったときブーブーと鳴る。
　　　　　　　　こまの綱わたりを入れる。
　　　　　　　　こまのまわしっこ競争を入れる。
・凧上げ――凧のいろいろな種類を上げ，遊びたい凧をクリックするとつくり方が出るようにする。

（井口貴久美）

くまとねずみがこまのまわしっこをするよ　　　　「うまくまわせるかなあ」

6章 音楽会を開こう

1 ●●● 保育計画：友だちと心を合わせて

(1) 主題
音楽遊び

(2) ねらい
音楽会に向かって友だちと心を合わせ，歌や合奏などの表現活動を楽しんで進めていく。

(3) 幼児の姿と遊び
11月にファンタジーランドからの贈り物（CD）が届いた。CDから流れてくる音楽を聞き，虫たちが楽しそうに演奏しているようすを見て，子ども達は，音楽に興味をもち，『自分たちもしてみたい』という思いにつながっていった。歌を歌ったり，楽器をさわったりすることを楽しむ姿がみられ，音楽活動に対する意欲が感じられた。とくに鍵盤ハーモニカでは，少しでも弾けるようになると嬉しくて，「聞いて！　弾けるようになったんや」と友だちや教師に弾いてみせる子，友だちと合わせて弾こうとする子が見られ始めた。

Ⅲ部 実践例の紹介

(4) 保育計画（12月5日〜12月20日）

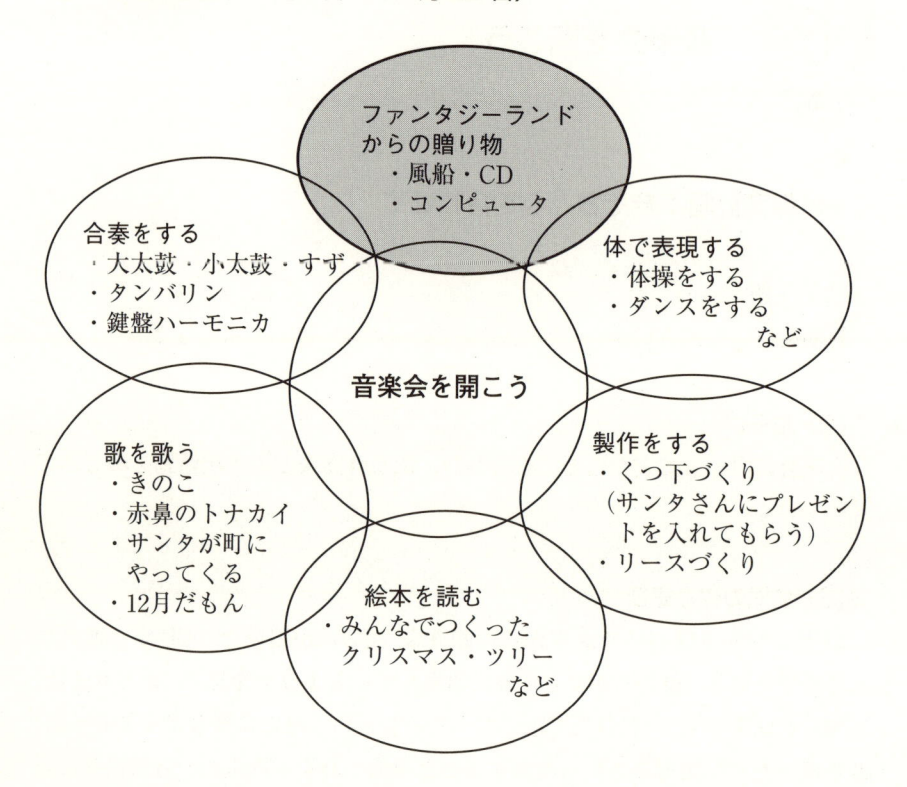

```
              ファンタジーランド
              からの贈り物
              ・風船・CD
              ・コンピュータ

  合奏をする                    体で表現する
  ・大太鼓・小太鼓・すず         ・体操をする
  ・タンバリン                   ・ダンスをする
  ・鍵盤ハーモニカ                  など

              音楽会を開こう

  歌を歌う                      製作をする
  ・きのこ                       ・くつ下づくり
  ・赤鼻のトナカイ                 （サンタさんにプレゼン
  ・サンタが町に                    トを入れてもらう）
   やってくる                    ・リースづくり
  ・12月だもん

              絵本を読む
              ・みんなでつくった
               クリスマス・ツリー
                   など
```

(5) 本時のめあて

- ファンタジーランドから送られてきたCDを喜び，期待感をもって見る。
  （年少・年長）
- いろいろな楽器に興味をもったり，その音色を楽しんだりする。
  （年少4歳児）
- 映像を見て，いろいろな楽器に興味をもったり，友だちといっしょに楽器を演奏する楽しさを味わったりする。
  （年長5歳児）

(6) 本時の保育展開

流れ	予想される幼児の活動	指導と援助	環　境
動機づけ ↓ ファンタジーランドへの思い ↓	○送られてきたCDをコンピュータに入れる。 ○映像を見る。 ○いろいろな楽器や虫の仲間を見つける。	○子ども達がCDを見つけ，驚いたり喜んだりしているようすを受けとめる。 ○見たい子が，みんなコンピュータ画面を見られるように場をゆずり合えるような言葉をかける。	○コンピュータは子ども達が使いやすいようにしておく。

「バッタとコオロギ2人でしとうで！」

バッタとコオロギが演奏

「あれー。今度はバッタとカマキリがしとう。ダンゴムシが指揮や。」

バッタとカマキリが演奏

「ダンゴムシがミュージック・ベルしとう！」

ダンゴムシがベル奏

Ⅲ部　実践例の紹介

流れ	予想される幼児の活動	指導と援助	環　境
イメージ化	ダンゴムシが大太鼓しとう。小太鼓もしとう。 みんなで合奏しとうわ。 バッタとコオロギが演奏	ダンゴムシがしとったマラカスもっとう！Nちゃんのタンバリンもあるで。	
↓ 生活化	○楽器遊びをする。 どんな音が出るかな？やってみよう！ CDを見てすぐに合奏を始めた	○幼稚園にある楽器でも『やってみよう』とする子どもの気持ちを受けとめ，思いを楽器で表現できるように励ます。CDを見てすぐに合奏を始めた	○子ども達が『してみたい』と思う楽器をすぐにさわれるように置いたり，出しやすいように準備したりしておく。 ・大太鼓 ・小太鼓 ・マリンバ・すず ・タンバリン ・シンバル 　　　　　　など

2 ●●● 保育の実際の展開

(1) 音楽遊びへの関心の高まり

1 ちょっとした音楽会 ──歌声を合わせて

①「き, き, きのこ……」 ──友だちと歌を口ずさむ子ども達

ファンタジーランドからの贈り物のCDをコンピュータに入れ，画面上のきのこをクリックすると「き，き，きのこ，き，き，きのこ……」と歌声が聞こえてくる。ほかにも，子ども達が親しみをもっている曲が聞こえてくる。

CDの画面を見ていた6～7人の子どもが，画面の中の曲に合わせて歌を歌い始めた。1曲終わると，違う曲をクリックする。そして，また，歌う。楽しそうに歌っている姿から，歌への興味と関心を高めているように感じられた。

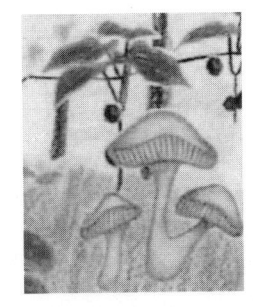

画面のなかのきのこ

②パルとプルルに聞こえるかな？ ──心を込めて歌って

ファンタジーランドからの贈り物が届いた翌日，子ども達に「何の歌，歌いたい？」と問いかけると，「パルとプルルから来た歌がいい！」「『さんぽ』歌いたい」など口々に好きな曲名を言っていた。心を込めて歌ったのだろう。いつもより，声も大きく，元気いっぱいだった。「ファンタジーランドに（歌声が）届くかな」「パルとプルルに聞こえるかな」と言いながら歌う子ども達。歌いたい歌を全部歌うとちょっとした音楽会のようだった。

③パルとプルルみたいに弾きたいな！ ──友だちといっしょに

子ども達は，コンピュータの画面から流れてくる曲を聞いて興味をもち，そのなかの「あらし」の曲を歌ったり，合奏したりしたいという思いをもった。子ども達は，歌詞を覚えて歌うことや，鍵盤ハーモニカを弾くことを楽しんだ。とくに鍵盤ハーモニカでは，『パルとプ

鍵盤ハーモニカを演奏している

147

ルルのように弾きたい』という思いをもち，みずから進んで，取り組んでいた。そして，少しでも弾けるようになると，「聞いて！　弾けるようになった」と友だちどうし，聞き合いっこしたり，「いっしょに弾いてみよか」と合わせて弾いたりしている姿がみられた。その姿からそれぞれ意欲をもっているのが，伝わってきた。

2　みんなで音楽会を成功させよう！　──心を合わせて

　ファンタジーランドの虫たちは，みんなで音を合わせて合奏している。幼稚園のみんなの合奏は，なかなか合わない。子ども達は，考えた。
「ちゃんと弾いとうけど，速くなってしまうんや」
「どうしたらええんやろう」
「みんな一生懸命してて，友だちの楽器の音，聞こえてないんじゃないかなあ」
「うん」

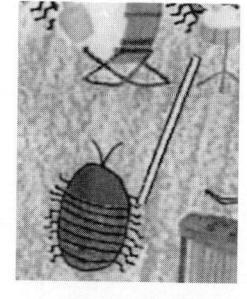

ダンゴムシの指揮者

年長児の指揮に合わせている

虫たちが演奏しようとしている

「先生聞いてたらね，みんなの音，けんかしてるみたいなの」
「……」
しばらく考えている子ども達。
「わかった。みんなで仲よくしたらえんやなあ」
「でも，どうするの？」
「（ファンタジーランドの虫たちは）ダンゴムシの棒（指揮）見とうで」
「みんなも，先生の指揮を見たらええんとちがうん」
「そうや，そうや」
「これから，見てするわ」
　子ども達は，指揮を見て，することに気づいた。それからは，それぞれが指揮を見，友だちの音を聞くようにな

った。音楽会を成功させ，『パルとプルルにじょうずにできたところを聞いてもらいたい』という子ども達の思いが感じられた。

(2) 音楽会を開くために

1　音楽会への意欲の高まり　——合奏のヒントを画面から

子ども達は，ファンタジーランドからの贈り物のCDを，コンピュータに入れた。子ども達は，

①虫たちがいろいろな楽器の音を合わせて合奏していた。
②鍵盤ハーモニカとマリンバというように虫たちの楽器を組み合わせた演奏を聞くことができた（グループ活動への発展を予想）。
③画面中央には，指揮者が棒（タクト）を振っていた。

というような場面を見た。子ども達は自分たちの合奏がなかなかうまくいかないとき，虫たちの合奏からヒントを得て，自分たちで音楽会を成功させるための糸口を見つけだした。

2　心をひとつにするためには　——考えを出し合って

歌を歌ったり，合奏をしたりするときにたいせつなことは何だろうか。それは，いっしょに歌う友だちの歌声や合奏する音を聞くことだと思う。これは子ども達にとってむずかしい課題である。なぜならば，一生懸命になるとまわりのことがわからなくなるからだ。そんなとき，「○○さん，勝手なことをしてるよ。ちゃんとみんなと合わせなさい」と注意したらその子どもはうまく合わせられるようになるだろうか。『一生懸命しているのに，なぜ先生はそんなことを言うのだろう』と自分を出せなくなってしまう。保育者が，こうなってほしいという願いをもつならば，そのためにどうすればよいかということをそれぞれが気づくように仕向けていくことがたいせつである。自分たちで考えていくことで，友だちといっしょにがんばっていこうという気持ちがわいてくるのでは

年長児の指揮に合わせている

ないだろうか。

3　解決の方向性を示して　——悩みのヒントが得られるソフト内容を

　ファンタジーランドから送られてきたCDの画面から子ども達が受けるものは大きいと思われる。今回のように，子ども達のつまずきに対する答えのヒントが隠れていると，子ども達は自分たちで答えを考え，見つけだせるだろう。保育者は，子ども達のいろいろなつまずきを見越して，解決へのヒントを示せるようなソフト内容の検討を進めていく必要があるといえよう。

生活発表会で花の妖精になって演奏を楽しんでいる

（淀澤郁代）

7章 運動会 ファンタジーランドの運動会

1 ●●● 保育計画：運動遊びへの挑戦

（1）主題
運動遊び

（2）ねらい
ファンタジーランドで動物たちが運動遊びに挑戦している姿から，いろいろな運動遊びに意欲をもってやってみようとする。

（3）幼児の姿と遊び
　「一輪車する」「私は竹馬」と目標をもって取り組んでいる子どもがいる反面，苦手意識から，見てみぬふりをする子ども，すぐあきらめてしまう子どもなどがいる。そこで，まず，1つめのCDを子ども達に送った。CDがきてから，少しでも運動遊びができるとパルとプルルに手紙を書く姿がよくみられるようになった。また，メッセージのなかで「なかなかできなくてこまっているんだ。どうすればうまくいくのかな，おしえてね」とあったのを覚えており，一輪車や竹馬をしながら「パルとプルル乗れるようになったかなあ？」などと言い，乗れるようになったことを手紙に書いたり，コツを知らせたりして交流を楽しもうとする姿がみられた。

(4) 保育計画（9月1日〜12月24日）

```
┌─────────────────────────────────────────────────┐
│ 子どもの姿に合わせ，より高い目標をめざした2回目の挑戦ソフトCD │
└─────────────────────────────────────────────────┘
                        ↑
        ┌───────────────┴───────────────┐
┌──────────────────────┐    ┌──────────────────────┐
│ ファンタジーランドを      │    │ 子どもの成長に合わせて   │
│ より身近な存在へ         │    │ 竹馬………高さに挑戦      │
│〈幼稚園での生活と照らし  │    │ 縄跳び……飛び方の種類が  │
│  合わせて〉             │    │        ふえる         │
│ かけっこ→リレー         │    │ サッカーキップ         │
│ つなひき→人数が少ないほう│    │        …回数がふえる   │
│   のチームが勝つこ      │    │ 跳び箱……6段に挑戦     │
│   ともある              │    │                      │
└──────────────────────┘    └──────────────────────┘
                        ↑
              ┌──────────────────┐
              │ 1回目にきた運動遊びのCD │
              └──────────────────┘
```

(5) 本時のめあて

- ファンタジーランドから送られてきたＣＤに喜びと期待感をもつ。
　　　　　　　　　　　　　　　　　　　　　　　　　　（年少・年長）
- 興味をもった運動遊びをする。　　　　　　　　　（年少4歳児）
- やってみたいと思う運動遊びに意欲をもって取り組む。　（年長5歳児）

(6) 本時の保育展開

流れ	予想される幼児の活動	指導と援助	環 境
出会い ↓ ファンタジーランドへの思い ↓ 行動化 ↓ 表現化 ↓	○登園する。 ○風船を見つける。 ○風船の包みを取る。 ・包みを開ける。 ・CDを見つける。 びわの木に風船が1つしかないことに気づき 「あれっ？ 1つしかない」 「いつも4つくるのに」 「探そうぜ」 と探し始めた。 ○CDをコンピュータに入れ，ソフトを見たり遊んだりする。 ○喜びを自分なりの方法で表現する。 「サッカーキップや！幼稚園にあるなあ」 「私もしにいこう」 「ファンタジーランドも僕らと同じもんしょんやな」	○風船とCDを4か所に置くことで，子ども達が分散し，風船にかかわれる子を多くする。 ○風船がひっかかっていることが子ども達の間に広がるよう声をかける。 ○風船を取ろうと考えを出し合っている姿を見守り，子ども達の思いをたいせつにする。 ○なぜ1つしかないのか？と不思議に思う気持ちによりそいながら，いっしょに残りの風船やCDを探していく。 ○子ども達が画面上の動物になったつもりで応援していることに共感する。 ○運動遊びに興味をもち，やってみようとする思いを受けとめる。 ○それぞれの子どもががんばっている姿を認め，励ましていく。	○風船とCDを子ども達が登園した後に見られるよう，つけ方をくふうする。 ○風船を取るとき危険のないように留意する。 「発見」 「あった」 と次々にCDを見つけていった 背伸びして届かない所にあるCDは木登り・竹馬・脚立など，さまざまな方法を友だちと考え試していた。 ○鉛筆や用紙，マジックなどを十分に用意しておく。

流れ	予想される幼児の活動	指導と援助	環境
行動化	○CDをコンピュータに入れる。 ・映像を見る。 ・メッセージを聞く。 「あれっ前とちがう！」 「ほんまや旗がついとう」 パルとプルルから届いたメッセージ こんにちは ぼくたちのうんどうかい だんだん ちかづいてきたんだ。 みんな がんばっているよ。 だいぶ うまくなったから みてね。 はんだようちえんの おともだちはどう うまくいってる？ おうえんしているよ。 ふぁんたじーらんど ぱるとぷるる	○子ども達のCDの内容に対する思いや、期待を受けとめながら楽しんで見られるよう配慮する。 ○CDの内容が前回と違うことに気づいたときは、まわりの子に知らせながら驚きや喜びに共感していく。	○風船とCDを取るとき危険がないよう高さや、つける場所を考える。 ○なるべくたくさんの子どもが画面を見られるよう、前の人は座るよう声をかける。 「私らも一輪車しにいこ」 「おもいきって手離すんやで」
表現化	○それぞれの思いで遊ぶ。 ・CDで遊ぶ。 ・園庭で運動遊びをする。 ・サッカースキップ ・一輪車 ・なわとび ・竹馬 ・とび箱 ・リレー　など ○パルとプルルへ手紙を書く。 子どもが描いた手紙 もりのみんなへ いちりんしゃ がんばってるよ	○動物たちがかんばっていることに共感したり、応援したりしながら、いろいろな運動遊びに関心がもてるようはたらきかける。 ○一人ひとりががんばっていることに対して、励ましたり補助をして楽しんでできるよう援助する。	○運動用具を使いやすいように整え、準備しておく。 ○絵を描いたり、手紙を書いたりして思い思いの表現ができるよう準備をしておく。

2 ●●● 保育の実際の展開

(1) 運動遊びの関心の広がりと子ども達の意欲

1　できひんけど　がんばればできるかも　──**動物たちに触発されて**

　9月に幼小合同運動会を経験した子ども達。今度は自分たち（幼稚園のみ）の運動会をすることになった。

　それぞれが，自分のがんばる運動遊びを決めるとき，話し合いで決めるより，より具体的な方法がよいと考え，運動遊びのCDを見ながら決めていった。

　映像のなかで，ファンタジーランドの動物が一輪車，竹馬，鉄棒などいろいろな運動たち遊びに挑戦し，しりもちをついたり，転んだりしながらもがんばっている姿があった。自分の目標がなかなか決まらなかった子もそんなようすを見て「がんばればできるかもしれない」という気持ちになっていった。そうして，悩みながらも一人ひとりが自分の目標を決めることができた。その後，自分が決めた運動遊びに取り組む機会をもつなかで，いつもなら「せえへん」と否定的な発言をしてくる子も，真剣な表情で「竹馬してくる。できひんかもしれんけどがんばってくる」と一生懸命取り組み，そして乗れるようになった。

転んでしまったネズミ

再び挑戦しているネズミ

2　自信につながって

　運動の苦手なA子。こちら側が誘っても「いやや」といってしようとしない。いろいろな運動遊びに取り組んでほしいと思い，もう一度「やってみたらおもしろいかもしれないし，いっしょにやってみよう」と声をかけた。ようやく，運動する気になり外へでた。しかし，跳び箱を目の前にするとスタートできない。「せーの」と声をかけるがどうしても前に進まない。A子の「私はできない」という強い思いがこちらにも伝わってきた。

　そんななかでの10月4日，ファンタジーランドからの贈り物（CD）が届い

た。友だちと跳び箱の場面を見て「1段かんたんや」「ウサギさん跳べた……そら跳べるわな，1段やもんな」とA子。次にサッカースキップの場面が出てきた。なかなか回せない画面のなかのネズミさん。そのなかで3回回せるときがある。「ネズミさん3回やなあ」再び「ネズミさん3回やなあ……」と言うので「A子ちゃんやってみたら？」と声をかけると，「うん，やってみる」と言う。やってみると運動は苦手だったはずのA子がなんと16回も跳べたのである。その後A子は「ネズミさん3回やったなあ」と言った。

A子の言葉の裏には「ネズミさんよりたくさん跳べた」という思いがあったようだ。そして進んで挑戦しはじめ，次はなんと64回も跳べたのである。自信がついたA子は，あれだけ嫌がっていた跳び箱に自分から挑戦し始め，4段が跳べるようになり，5段もあきらめず跳び続けていた。次の日も，朝一番に跳び箱のところに飛んでいくA子の姿があった。

お母さんからのお便り

今日も，朝「お母さん見て」と，5段に挑戦していました。4，5回したところで初めて成功したようで喜んでいました。

3　○○君乗れたで〜　——僕らもやればできるんだ

二人手つなぎに挑戦している

一輪車は不思議と男の子はあまり進んで取り組もうとしない。が，ある日，一人の男の子が「一輪車してみる」とやり始めた。

初めは，乗るのもなかなかできず，進むこともできなかった。それでも，毎日挑戦し続けている子どもを見ていて，他の男の子も参加してきた。少し進めると
「すごいやん」
「おっしゃ〜　おれもがんばるぜ」
と励まし合ったり，刺激し合ったりしていた。

家の人もそんなようすを知って，時間をみつけては，子ども達がしているのを見たり，ときには手を取って補助してくださったりした。

どんどんと一輪車に参加する男の子がふえてきた。そして，自分がどれだけ進めたか目安になるよう1メートルごとに線を引くと

「先生　○○くんが○メートルいけたで」

「○○くん乗れたで」

と自分のことのように喜んでいる男の子たちの姿があった。

4　ちょっとトレーニングしてくるから　——動物と一体となって

ファンタジーランドからヴァージョンアップした運動遊びのCDが届いた。子ども達はソフトのなかでもとくにリレーのところが好きで，遊び方のコツをつかむと友だちと

「がんばれ，がんばれ」

「やった～　1位や」

「よし，今度はクマとネズミとウサギ」

と画面に出てくる動物になりきって楽しんでいた。いろいろなパターンで動物を選び，くり返し遊ぶ姿がみられた。

ネズミチームが優勝

そのうち，自分と画面上の動物が一体となってきて「ちょっとトレーニングしてくるからやっといて」と多目的ホールを走り始めた。しばらく走ると，再びコンピュータの前に座り応援している。また，「リレー」のソフトで遊んでいるうちに，友だちどうしで「○○くんは，なに（どの動物）にする？」「ウサギ」「ぼくはネズミ」というように，考えを伝え合って遊ぶ姿もみられるようになった。

(2) 成長した運動遊びへのかかわりについて

1　画面と自分たちとを比較して　——自分たちの世界との密着性

前回のCDがきたときより実際の子ども達の姿として，跳び箱も高いものに挑戦していたり，竹馬もだんだん高くなり，サッカースキップは回す回数がふえてきている。

運動会に向けて、幼稚園全体でリレーをしたことからリレーを楽しんでいる子が多い。そんな子ども達のようすを見て、今回のCDは、子ども達がより高いレベルに目標をもつように……というねらいで作成したものである。

子ども達と同じようにCDが変化していることが嬉しく、そのことがより感情を移入できたのではないかと思う。つまり、「自分たちと同じだ」という気持ちが、前回よりさらに運動遊びの関心の広がりへつながっていったように思う。

	前回の運動遊びのソフト	補強した運動遊びのソフト
かけっこ	4匹のなかから選んで競争できる。	リレーに変わる。4チームになっている。
跳び箱	1段から4段まで4種類の跳び箱がある。	1段から6段までの6種類の跳び箱がある。
一輪車	一人乗り	・2人手つなぎ ・3人手つなぎ ・コーヒーカップ
竹馬	低い竹馬だけ	高さ（高，低）を選ぶことができる。
縄跳び	・前跳び（1回めで失敗することもある） ・後跳び	・前跳び（最高20回跳べる） ・後跳び ・走り跳び ・けんけん跳び ・交差跳び
サッカースキップ	1，2，3回めで失敗することがある。	1周回りながら挑戦し、前回よりだいぶできるようになる。

2　子ども達が意欲をもって取り組むには

子ども達はファンタジーランドから刺激を受け、その刺激が親へと伝わり、次から次へと目標をクリアするごとに、新たに目標をつくり、友だちと励まし合いながら運動遊びに挑戦していった。

ここまで、子ども達が運動遊びに一生懸命になれたのも、まず、
・身近に感じているファンタジーランドからの刺激
・家族の応援
・励まし合える友だち関係
・幼稚園での運動遊びができる時間の保証
など上記4つの要因がそろったからではないかと考えられる。

（河原美樹）

8章 お別れ　ファンタジーランドへ託した思い

1 ●●● 保育計画：また会おうね

(1) 主題
ファンタジーランドへの手紙

(2) ねらい
　自分の思いをパルとプルへ伝えることで，ファンタジーランドへの思いをもち続け，なにごとにも意欲をもって自分なりに表現する。　　　（年少4歳児）
　自分の思いをパルとプルへ伝えることで，ファンタジーランドとのつながりを再確認し，幼稚園生活の思い出となるとともに夢をいつまでももち続けられるように。
　　　　　　　　　　　　　　　　　　　　　　　　　　　　　（年長5歳児）

(3) 幼児の姿
　年少児は，回数を重ねるごとに心のなかに"パルとプルル"が存在し，姿は見えないが，いつも見守っていてくれるものだという思いがつのっていった。年長児はなにげない生活のなかでも「ぱるとぷるるはなにしとんかな？」「この雲，ファンタジーランドからきたんかな」とつぶやく姿がよくみられていた。そして，「パルとプルルに見てもらいたい」「パルとプルルもがんばってたから私もがんばる」と，子ども達にとっては同じ世界を共有している友だちのひとりとなっている。

（4）保育計画（3月19日）

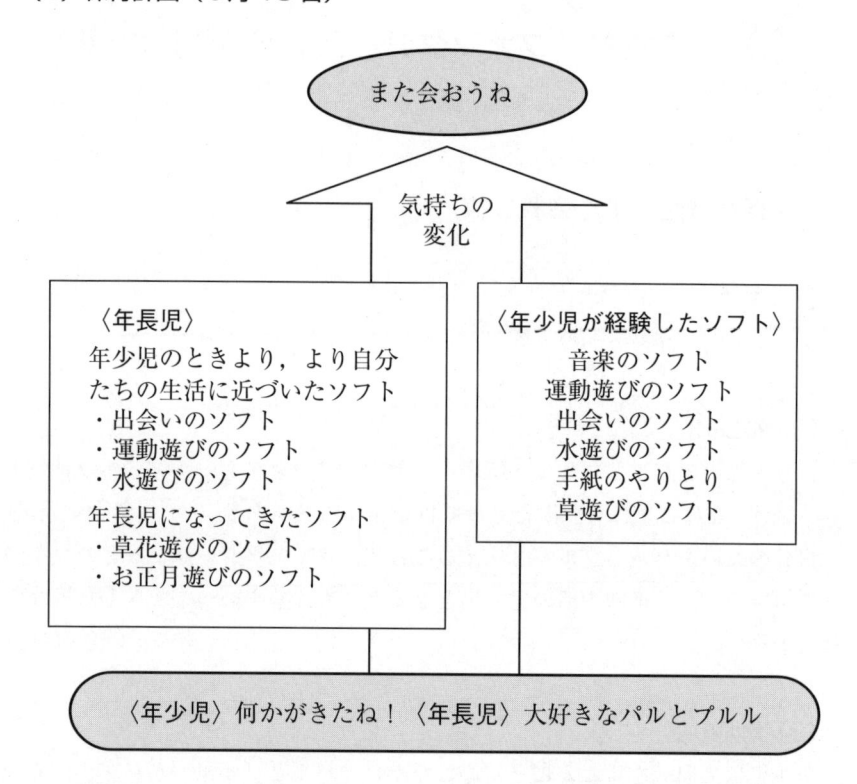

```
                    ┌─────────────┐
                    │ また会おうね │
                    └─────────────┘
                         ↑
                      気持ちの
                       変化
```

〈年長児〉
年少児のときより，より自分たちの生活に近づいたソフト
・出会いのソフト
・運動遊びのソフト
・水遊びのソフト
年長児になってきたソフト
・草花遊びのソフト
・お正月遊びのソフト

〈年少児が経験したソフト〉
音楽のソフト
運動遊びのソフト
出会いのソフト
水遊びのソフト
手紙のやりとり
草遊びのソフト

〈年少児〉何かがきたね！〈年長児〉大好きなパルとプルル

（5）本時のめあて

- 今までのパルとプルルに対する思いを手紙にして送ることで思いを満たし，夢をもち続けられるようようにする。
- 年長児になっても引き続き，ファンタジーランドやパルとプルルとの交信が楽しみとなるようにする。
- それぞれが自分の思いを自分なりに表現する。
- 幼稚園生活のなかでファンタジーランドがよい思い出となるようにする。

(6) 本時の保育展開

流れ	予想される幼児の活動	指導と援助	環　境
ファンタジーランドへの思いを表現	○パルとプルルへの思いを表現する。 ・手紙を書く。 ・絵を描く。	○一人ひとりの思いをたいせつに受けとめ，必要なときはまわりの子に紹介していく。	○手紙や絵が描けるように紙や鉛筆を十分用意しておく。
行動化	○手紙を封筒に入れる。 ○手紙を飛ばすため風船をつけ外に出る。	○一人ひとりの子どもの思いをたいせつに受けとめながら封筒に手紙を入れていく。 ○子ども達のパルとプルルまで届けという気持ちによりそいながら手紙に風船をつける。	○すぐ風船がつけられるようヘリウムガスをあらかじめ入れた風船を用意しておく。 ○風船が途中で外れたりしないよう，しっかりとくくっておく。

ぱるとぷるるがみのむしをみていて，
「ぱるとぷるるってふうせんかな？」
っていっているところ

しょうがっこうへいっても
ぼくらのことわすれないでね

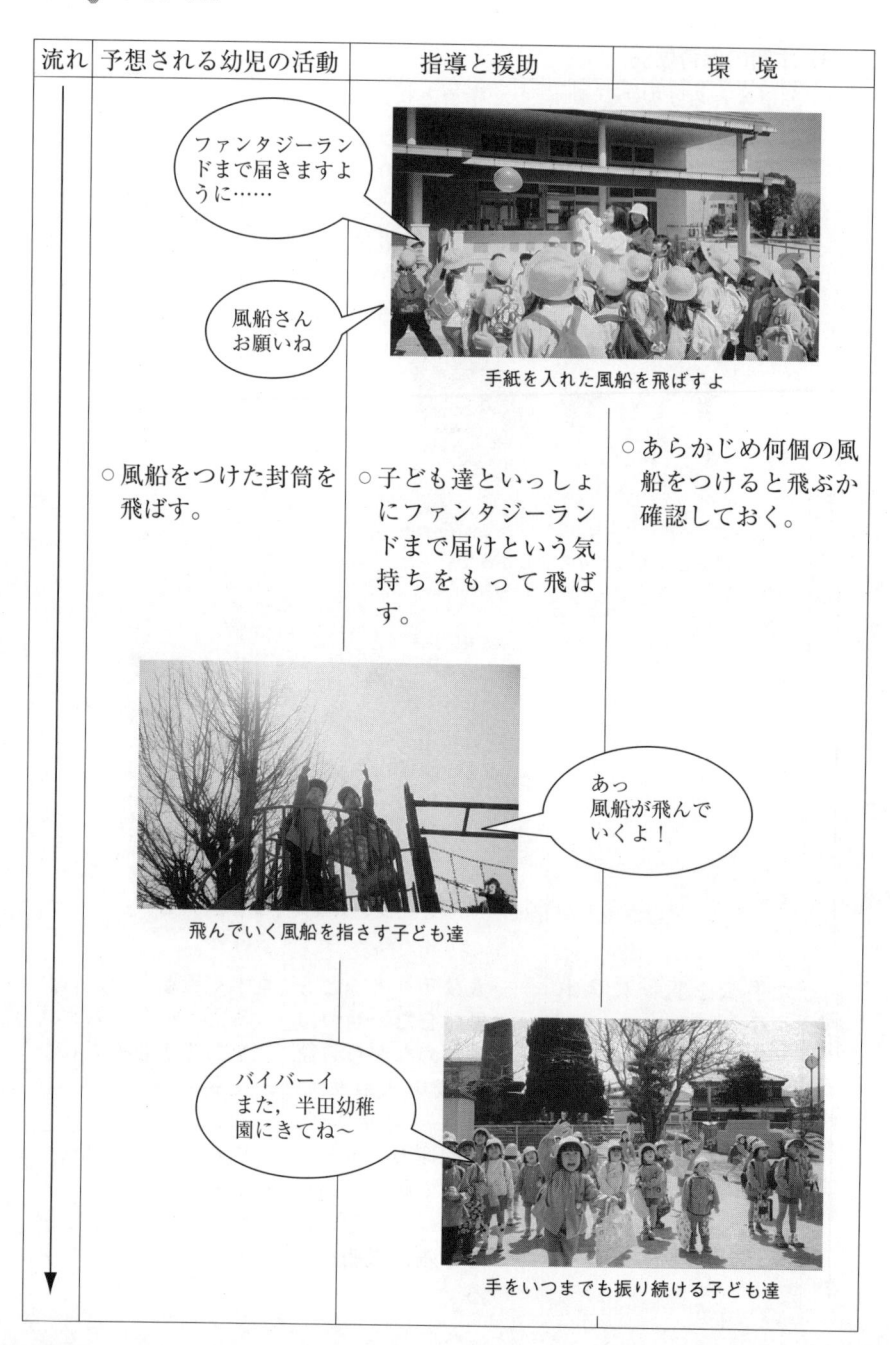

Ⅲ部　実践例の紹介

流れ	予想される幼児の活動	指導と援助	環　境
↓			

ファンタジーランドまで届きますように……

風船さんお願いね

手紙を入れた風船を飛ばすよ

○風船をつけた封筒を飛ばす。

○子ども達といっしょにファンタジーランドまで届けという気持ちをもって飛ばす。

○あらかじめ何個の風船をつけると飛ぶか確認しておく。

あっ風船が飛んでいくよ！

飛んでいく風船を指さす子ども達

バイバーイまた，半田幼稚園にきてね〜

手をいつまでも振り続ける子ども達

2 ●●● 保育の実際の展開

(1) ファンタジーランド　パルとプルルへの思い
1　一人ひとり思い思いにかく手紙

①パルとプルルに絵を描きたい！
「風船でファンタジーランドに送ろう」
と話しているうちに，子ども達は
「じゃ，手紙書いていい？」
今までにない変化に驚きながら，
「いいよ」と答えると
「先生　絵描くから，字書いてな」
と次々に手紙や絵を描いていった。

②音するから気づいてくれるかな
　そのなかで，ひとりの女の子が廃材入れから，なにやらごそごそと探している。
「先生，どんぐり残ってない？」
　残っているどんぐりを差し出すと，ニコ〜と笑いながらなにやらつくっている。しばらくすると，
「先生できた！　字書いて」
と目を輝かせながらやってきた。見ると，空き容器にどんぐりを入れ，セロハ

子どもが書いた手紙

ぱるとぷるるへ
がっきのおとがするからやってみてください

楽器つき手紙

ぱるとぷるるへ
おげんきですか　あしたはようちえんをやすみしてません　でもするかもしれません　またようちえんにきてね　おやくそくです　おねがいです　CD おくってね

ファンタジーランドから風船が届いたときの絵を描いている

Ⅲ部　実践例の紹介

ンテープでふたをしている。容器をふるとカラカラとかわいらしい音がする。
「これ楽器なんや！　きれいな音やろ。パルとプルルにも聞いてもらいたいんや」
と言い，音を聞かせてくれる。
「ここに，パルとプルルへって書いて。それで……楽器と手紙がバラバラやったらあかんなあ……ひもでくっつけよ」
と凧糸を出してきて，手紙と楽器をくっつけ，できあがった手紙に向かって手を合わせて
「どうか，パルとプルルまで届きますように」
とお願いをしていた。
　③パルとプルルへの思いを絵本にして
　ほかの子ども達がどんどん手紙を書き終えていくなかで，一生懸命になにやらつくっている女の子がいた。
「先生，できた！」

1枚め
ぱるとぷるるのところへいっているところ
ねこちゃんはとんでいます

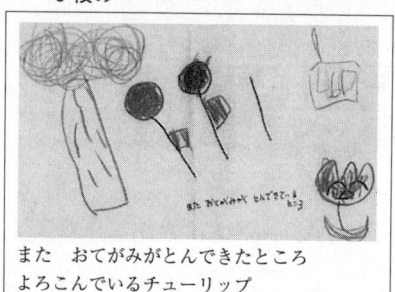

2枚め
ありんこが　よいしょとあるいているところ
（ビスケットをたべているところ）

3枚め
また　おてがみがとんできたところ
よろこんでいるチューリップ

絵本の内容

嬉しそうに見せてくれたものは，紙を何枚も重ねてつくった「絵本」だった。
「パルとプルこれみて，びっくりするかな？」
　もう，その子の頭のなかは，この手紙を見たときのパルとプルのようすを想像した夢でいっぱいに膨らんでいるようだった。
　2　風船さん！　風さん！　ファンタジーランドまでお願いね！！
　風船をつけた封筒にみんなの手紙を入れ，さっそく飛ばしてみた。
「ファンタジーランドまで行くかな？」
「風船さんわかるかな？」
「風船にお願いしとこ」
「そやな」
「風船さん！ファンタジーランドまでお願いします」
「風さんにもお願いしとかな」
「風さんお願いします」
とくり返し祈るように言っていた。

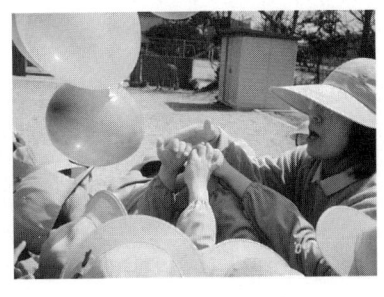

風船さん　お願いするよ！

　そして，だんだん小さくなっていく風船に
「バイバ～イ」
「またね～　大きいくみさんになっても来てね～」
「待ってるよ～」
といつまでも手を振り，いつまでも見送っていた。

(2) ファンタジーランドの贈り物とのかかわりについて

1　年長児としての異年齢児とのかかわり

　今年の年長児は，年少の間，コンピュータをさわりたくても年長児がしているので，なかなかさわることができずにいた。年長児が修了し，いなくなってからやっと思いきり使えるようになったという背景がある。毎年くり返されていることだが，今年も例外ではなかった。しかし年長児が力に任せてコンピュータを占領しているのではない。こちらがコンピュータの使い方を子ども達に話したり，説明したりしないので，年少児は年長児がしているのを見て，覚えていくという構図ができあがっている。だから興味をもち始めると，年長児の

165

しているようすを年少児は食い入るように見ている。年長児もそれに対して何も言わず、自分たちで楽しんでいる。

2学期に入り、使い方が少しわかってくると、年少児もコンピュータをさわり始める。でも、時どきわからず困っていると、年長児が「かわったろか？」「やったろか？」と言って交代している。ときには年少児のほうから「わからんようになった。かわって」と言ってかわっているときもある。

3学期に入り、ほとんど対等に使えるようになると「次はこれやってみて」「今度は○○と○○でしてみよ」とお互いの思いを伝え合って遊び始めるようになっている。

毎年、年長児のこんな姿を見ているからであろう、今年の年少児も年長になったとき、きっとこんなふうに年少児にかかわっていくのではないかと思う。コンピュータをとおして、年長児と年少児のかかわり、信頼関係ができあがっているように思われる。

2　年少児としての異年齢児とのかかわりの大切さ——真似・教え・そして刺激が

4月当初、ファンタジーランドからの贈り物のCDと出会う日を、今年度は年少・年長で日を変えてもよいのではないかという話がでていた。しかし、CDが届いて年長児がしている行動を見るだけでも年少児にとっては、刺激になっていくのではないか……という思いから今年度も年少・年長同時にしていった。そして、刺激という言葉どおり、年少児は年長児のしているようすを見て、ときには真似をしたり、画面を見てどうしてもわからないことがあると、年長児が「そこはこうしたらええで」と教えたりする姿がみられるようになった。次第に年少児が「ここわからんからやってみて」と言うと「おっしゃ！まかせとけ」「ここ、これでえんやなあ」「そうやで」と異年齢児の会話もふえ、かかわりがみられるようになっていった。会話だけでなく、CDが来るごとに年長児が「手紙書く」「絵描く」と言って書き始めたり、画面から刺激を受けて「じゃあ○○やってみよ」とし始める姿を見て、年少児もし始めていった。

このような姿を見ていて、異年齢児同士のかかわりや、かかわりだけでなくそばにいるだけでも、刺激となっているのだと思い、かかわりの重要性を感じた。

（河原美樹）

執筆者一覧 (執筆順)

岸本　義博	Ⅰ部1章	前兵庫県揖保川町教育長	
倉戸　幸枝	Ⅰ部2・5章	大阪芸術大学短期大学部保育学科教授	
倉戸　直実	Ⅰ部3章	大阪芸術大学短期大学部保育学科教授	
渡邉　純	Ⅰ部4章	大阪芸術大学短期大学部保育学科教授	
山本　真由美	Ⅰ部6章	徳島大学総合科学部教授	
村上　優	Ⅱ部1・2章	大阪芸術大学短期大学部保育学科助教授	
山本　泰三	Ⅱ部3章	大阪芸術大学短期大学部保育学科助教授	
淀澤　郁代	Ⅲ部1・2・6章	兵庫県揖保川町立神部幼稚園教諭	
		(前揖保川町立半田幼稚園教諭)	
井口　貴久美	Ⅲ部3・5章	兵庫県揖保川町立半田幼稚園園長	
		(元揖保川町立半田幼稚園教諭)	
永井　和代	Ⅲ部4章	元兵庫県揖保川町立半田幼稚園園長	
河原　美樹	Ⅲ部7・8章	兵庫県揖保川町立神部幼稚園臨時教諭	
		(前揖保川町立半田幼稚園臨時教諭)	

[編者紹介]

倉戸直実（くらと・なおみ）
　　　　　1938年　埼玉県に生まれる
　　　　　産業心理研究所，浪速短期大学（現大阪芸術大学短期大学部）講師，同助教授を経て，
　　　　　現　在　大阪芸術大学短期大学部教授
〈主著・論文〉保育指針Q＆A 70（共著）　ひかりのくに　2000年
　　　　　新しい保育所保育指針　その解説と実践へのアプローチ（共著）　チャイル
　　　　　ド本社　2000年
　　　　　発達・学習・教育指導の心理学（共著）　四ツ葉書房　2002年
　　　　　保育心理学（共著）　北大路書房　2002年
　　　　　幼児のコンピュータマウス操作の認知構造の変化（単著）　浪速短期大学紀
　　　　　要第22号　pp.165-174.　1998年
　　　　　コンピュータをとり入れた幼児カリキュラムの開発と実践（共著）　平成11
　　　　　年～平成13年度　科学研究補助金研究成果報告書　2002年

岸本義博（きしもと・よしひろ）
　　　　　1933年　岡山県に生まれる
　　　　　兵庫県千種町公立学校教諭，龍野市公立学校教諭，兵庫県教育委員会西播磨教育事務
　　　　　所指導主事・管理主事，兵庫県龍野市教育委員会学校指導課長，兵庫県龍野市立誉田
　　　　　小学校校長，揖保小学校校長を経て，
　　　　　1994年　兵庫県揖保川町教育長（～2002年まで）
〈主　　著〉やさしいコンピュータ活用法　―新しい音楽教育の創造をめざして―（共著）
　　　　　音楽之友社　1995年
　　　　　校長室よりの発信　―校長九年間の思いと語り―（単著）　1995年
　　　　　大いなる志　―教育長八か年を回顧して―（単著）　2003年

コンピュータを活用した保育の実際
―ゆたかな心を育むために―

2004年5月 1日　初版第1刷印刷　　定価はカバーに表示
2004年5月15日　初版第1刷発行　　してあります。

編　著　者　　倉　戸　直　実
　　　　　　　岸　本　義　博
発　行　者　　小　森　公　明
発　行　所　　㈱北　大　路　書　房

〒603-8303　京都市北区紫野十二坊町12-8
　　　　電　話　(075) 431-0361代
　　　　FAX　(075) 431-9393
　　　　振　替　01050-4-2083

ⓒ2004　　　制作／見聞社　印刷・製本／亜細亜印刷㈱
検印省略　落丁・乱丁本はお取り替えいたします。

ISBN4-7628-2380-5　　Printed in Japan